Ulrich Siegrist
Martin Luitjens

30 Minuten

Resilienz

Bibliografische Information der Deutschen Nationalbibliothek
Die Deutsche Nationalbibliothek verzeichnet diese Publikation in der Deutschen Nationalbibliografie; detaillierte bibliografische Daten sind im Internet über http://dnb.d-nb.de abrufbar.

Umschlaggestaltung: die imprimatur, Hainburg
Umschlagkonzept: Martin Zech Design, Bremen
Lektorat: Friederike Mannsperger, GABAL Verlag GmbH
Satz: Zerosoft, Timisoara (Rumänien)
Druck und Verarbeitung: Salzland Druck, Staßfurt

Sonderausgabe für Jokers der ISBN 978-3-86336-263-2.

4. Auflage 2013

Hinweis:
Das Buch ist sorgfältig erarbeitet worden. Dennoch erfolgen alle Angaben ohne Gewähr. Weder Autor noch Verlag können für eventuelle Nachteile oder Schäden, die aus den im Buch gemachten Hinweisen resultieren, eine Haftung übernehmen.

Printed in Germany

In 30 Minuten wissen Sie mehr!

Dieses Buch ist so konzipiert, dass Sie in kurzer Zeit prägnante und fundierte Informationen aufnehmen können. Mithilfe eines Leitsystems werden Sie durch das Buch geführt. Es erlaubt Ihnen, innerhalb Ihres persönlichen Zeitkontingents (von 10 bis 30 Minuten) das Wesentliche zu erfassen.

Kurze Lesezeit

In 30 Minuten können Sie das ganze Buch lesen. Wenn Sie weniger Zeit haben, lesen Sie gezielt nur die Stellen, die für Sie wichtige Informationen beinhalten.

- Alle wichtigen Informationen sind blau gedruckt.

- Schlüsselfragen mit Seitenverweisen zu Beginn eines jeden Kapitels erlauben eine schnelle Orientierung: Sie blättern direkt auf die Seite, die Ihre Wissenslücke schließt.

- *Zahlreiche Zusammenfassungen innerhalb der Kapitel erlauben das schnelle Querlesen.* 30

- Ein Fast Reader am Ende des Buches fasst alle wichtigen Aspekte zusammen.

- Ein Register erleichtert das Nachschlagen.

Inhalt

Vorwort

Stehaufmännchen – sicher kennen Sie diese Spielzeugfiguren noch aus Ihrer Kindheit. Egal, wie sehr Sie versucht haben, die Männchen aus dem Gleichgewicht zu bringen: Der tiefe Schwerpunkt oder eine Rückholfeder haben sie schnell wieder auf die Beine gebracht. Wäre es nicht schön, eine solche Rückholfeder nicht nur im Spiel, sondern auch im realen Leben zu haben? Nach Rückschlägen und Misserfolgen nicht zerstört am Boden liegen zu bleiben, sondern aufzustehen und zuversichtlich und kraftvoll in die Zukunft zu gehen?

Die Psychologie nennt diese Fähigkeit, trotz widriger Bedingungen zu gedeihen, Resilienz. Resiliente Menschen verfügen über psychische und mentale Widerstandskraft. Krisen werden für sie nicht zu Stolpersteinen, sondern zu Wegmarken für eine positive Zukunft. Resilienz als soziale Fertigkeit ist aus dem Berufsleben nicht mehr wegzudenken und gewinnt besonders in Zeiten des Umbruchs an Bedeutung.

Machen wir uns nichts vor: Widrigkeiten wie der Verlust des Arbeitsplatzes, eine finanziell angespannte Situation, persönliche Angriffe, gesundheitliche Einschränkungen oder eine länger anhaltende Überbeanspruchung lassen sich nicht immer vermeiden. Berufliche Belastungen hinterlassen ihre Spuren, Zeiten der Neuorientierung gehören dazu. Die Auswirkungen können niederdrückend und lähmend sein. Sie können aber auch dazu dienen, das Leben neu auszurichten. Dann schaffen sie neue Energie, Hoffnung und Mut.

Wenn Sie zu den Menschen gehören wollen, die Krisen unbeschadet überstehen und gestärkt aus ihnen hervorgehen, dann sollten Sie sich mit dem Konzept der Resilienz vertraut machen und Ihre innere Widerstandskraft trainieren.

Mit diesem Buch helfen wir Ihnen, Ihr eigenes Resilienzkonzept zu entdecken und weiterzuentwickeln. Dafür stehen zahlreiche Menschen Pate, die auf ihrem Lebensweg mit Härten und Krisen konfrontiert waren. Menschen, die dann aber die Verantwortung für ihr Leben nicht aus der Hand gegeben, sondern gerade in der Krise die Initiative für eine hoffnungsvolle Zukunft ergriffen haben und sich ihre berufliche und private Zufriedenheit nicht nehmen ließen. Lassen Sie sich inspirieren und treten Sie ein in den Kreis der Stehaufmenschen!

Martin Luitjens, Ulrich Siegrist

30 MINUTEN

1. Krisendynamik und Krisenbewältigung

Krisen gehören zu unserem Leben. Sie markieren den Übergang von einer Lebensphase in die nächste. Sie begleiten Innovationen und Veränderungsprozesse. Sie weisen uns darauf hin, dass wir neue Denkmuster und Lösungsstrategien benötigen, weil die bisherigen nicht ausreichen, um aktuelle Herausforderungen zu bewältigen. Insofern zielen Krisen auf Weiterentwicklung, auch wenn sie uns „durchschütteln" und bisher sicher geglaubtes infrage stellen.

1.1 Krisen und ihre Entstehung

Krisen sind alltäglich: Kaum eine Nachrichtensendung, kaum eine Ausgabe der Tageszeitung, die nicht von einer Krise berichtet. Es gibt Regierungs-, Unternehmens-, Finanz-, Wirtschafts-, Vertrauens-, Identitäts-, Beziehungs-, Sinn-, Werte- oder Schaffenskrisen. Betroffene erleben eine Krise in der Regel als Bedrohung, weil sie etwas infrage stellt, das emotionale Gleichgewicht erschüttert und Ohnmachtsgefühle erzeugt.

Es fällt auf, dass Wissenschaftler den Krisenbegriff – vermutlich aufgrund seiner Unschärfe – eher selten verwenden. In der Psychologie dominieren – wenn es um die Auswirkungen belastender Lebensereignisse und ihre Bewältigung geht – die Begriffe Stress und Coping. Und auch in den Wirtschaftswissenschaften spielt der Krisenbegriff bisher eine eher unbedeutende Rolle.

Im Altgriechischen bezeichnet „crisis“ eine „(Ent-)Scheidung“: Ein Konflikt oder eine andere bedrohliche Situation hat sich zugespitzt; am Wendepunkt (der Krise) entscheidet sich, ob die Gefahr abgewendet, der Konflikt, das Problem oder die Krankheit bewältigt werden kann – oder nicht. In diesem Sinne wird der Begriff heute noch in der Medizin und in wirtschaftlichen Zusammenhängen verwendet.

Bei einer psychischen Krise besteht die Zuspitzung darin, dass die bisherigen Versuche, belastende Ereignisse oder Lebensumstände zu bewältigen, fehlgeschlagen sind. Dadurch glaubt der Betroffene, der Situation hilflos ausgeliefert zu sein und die Kontrolle verloren zu haben. Diese Wahrnehmung erzeugt Angst, führt häufig zu Schlaf- und Appetitlosigkeit und somit zu weiteren Beeinträchtigungen (siehe Kapitel 1.2).

Auslöser von Krisen

Die Auslöser einer Krise können vielfältig sein. Sie lassen sich grob unterteilen in ...

- plötzlich eintretende, einschneidende Ereignisse:
  - beruflich: überraschende Kündigung, nicht erwartete massive Kritik oder Infragestellung, ein wichtiger Kunde beendet „aus heiterem Himmel" die Zusammenarbeit etc.
  - privat: plötzliche, schwere Erkrankung, Unfall, Tod eines nahestehenden Menschen, Gewalterfahrung, der Partner ist fremdgegangen etc.
- veränderte Rahmenbedingungen/Lebensumstände, die eine Anpassung erfordern:
  - beruflich: Umstrukturierung, Fusion, neue Aufgabe, neuer Vorgesetzter, neuer Mitbewerber, verändertes wirtschaftliches Umfeld etc.
  - privat: neue Lebensphase, Umgang mit einer chronischen Erkrankung, Trennung vom Partner, Pflegefall in der Familie etc.

Es sind jedoch nicht die Ereignisse an sich, die eine Krise bewirken. Entscheidend ist, wie Betroffene zum einen die Geschehnisse und zum anderen ihre Fähigkeiten, die Situation zu bewältigen, bewerten. Dabei spielen Grundannahmen über sich selbst, über die Welt und das Leben sowie Vorerfahrungen eine wichtige Rolle. Konnte jemand bisher Misserfolge,

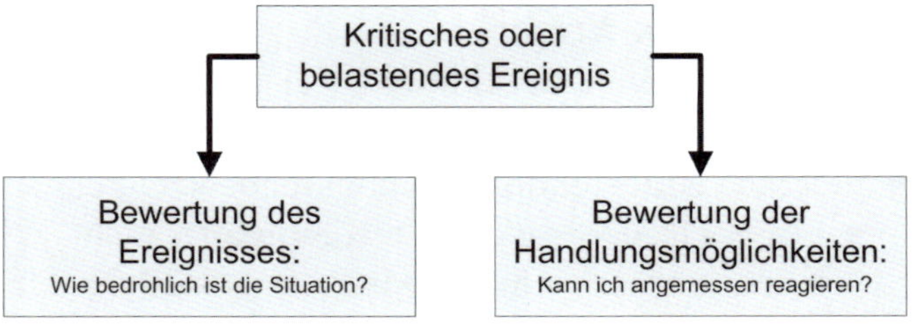

Rückschläge oder andere kritische Ereignisse gut bewältigen, dann wird er das Ereignis vermutlich weniger bedrohlich finden als jemand, der heute noch an den Folgen einer nur ansatzweise bewältigten Krise leidet. Und wer sich grundsätzlich viel zutraut, wird eher davon ausgehen, über ausreichend Handlungsmöglichkeiten zur Bewältigung der kritischen Situation zu verfügen, als jemand, der ein schwaches Selbstbewusstsein hat.

Beispiel 1
Herr Raible und Frau Grundmann arbeiten als Sachbearbeiter bei einem Versicherungskonzern. Nach einer Fusion wird im Zuge einer Neugliederung der Geschäftsbereiche ihre Abteilung aufgelöst. Während Herr Raible die Situation als Katastrophe empfindet und in der Folge in eine schwere Krise stürzt, sieht Frau Grundmann den mit einer Abfindung verbundenen Auflösungsvertrag als Chance, sich als Versicherungsmaklerin selbstständig zu machen.

Beispiel 2
Frau Bauer ist am Boden zerstört. Seit einigen Tagen ist klar, dass es sich bei dem bei einer Routineuntersuchung festgestellten „Schatten“ um Krebs handelt. Nun befürchtet sie das Schlimmste. Sie zieht sich zurück, will niemanden sehen. Bei einer weiteren Untersuchung lernt sie Herrn Schott kennen. Auch er muss mit der Diagnose „Krebs“ leben, strahlt aber eine merkwürdige Zuversicht aus, die Frau Bauer fasziniert. Wie kann ein Mensch derart überzeugt sein, die Krankheit zu besiegen? Herr Schott erzählt ihr, dass er vieles in seinem Leben umgestellt hat und seither bewusster lebt.

Kritische Lebensereignisse lösen also nicht zwangsläufig eine Krise aus. Aber sie durchkreuzen unsere Pläne, stellen bisher Selbstverständliches infrage und zwingen uns, unser Leben zu überdenken.
In einem wichtigen Lebensbereich ist eine gravierende Veränderung eingetreten. Diese muss akzeptiert und oftmals auch „verschmerzt“ werden. Und sie verlangt eine Anpassung an die veränderte Realität. Dies erfordert Zeit und kollidiert mit dem Anspruch, im Alltag funktionieren zu müssen. Eine auf Schnelligkeit, Hochleistung und Stärke programmierte Gesellschaft empfindet kritische Lebensereignisse als „Störungen“, die möglichst schnell zu beheben sind. Nicht selten ist es gerade dieser Anspruch, trotz einer durch eine belastende Situation ausgelösten Verunsicherung und

emotionalen Instabilität stark sein zu müssen, der zusätzlichen Druck aufbaut und in die Krise führt. Sinnvoller wäre, die vorübergehende Beeinträchtigung der Leistungsfähigkeit zu akzeptieren und sich die für die Bewältigung nötige Zeit zu nehmen.

In eine Krise geraten Menschen immer dann, wenn sie die aktuelle Situation als sehr bedrohlich und die eigenen Möglichkeiten, sie zu beeinflussen oder zu bewältigen, als gering einschätzen. Verstärkt wird diese Einschätzung dadurch, dass erste Bewältigungsversuche fehlgeschlagen sind.

Dass Menschen unterschiedlich auf Widrigkeiten wie Misserfolge, Konflikte oder gesundheitliche Beeinträchtigungen reagieren und diese auch unterschiedlich gut verarbeiten, hat bei Forschern die Frage aufgeworfen, welche Faktoren einen Einfluss darauf haben, dass manche Menschen kritische Ereignisse besser überstehen als andere. Ein Modell zur Erklärung dieser Beobachtung ist das in diesem Buch vorgestellte Resilienzkonzept.

Eine Krise ist eine bedrohliche Störung des normalen Lebens- oder Betriebsablaufs, die mit den bisher erworbenen Problemlösefähigkeiten nicht bewältigt werden kann.

1.2 Krisendynamik und Krisenstress

Charakteristisch für eine Krise ist die Dynamik, die sie entwickelt. Sie ist wie ein Strudel, der einen Menschen oder eine Organisation erfasst und in die Tiefe zieht.

Beispiel
Elke Hamann betreibt ein Bistro. Da sie längerfristig auch ausbilden möchte, nimmt sie außerdem an einer Weiterbildung teil. Ihre Tage sind gut gefüllt, aber da ihr die Arbeit Spaß macht, hat sie das Gefühl, den Anforderungen gewachsen zu sein. Dies ändert sich schlagartig, als ihre Mutter schwer erkrankt. Plötzlich muss sie auch noch Besuchstermine im Krankenhaus einplanen. Die Sorge um die Mutter raubt ihr beim Lernen für eine Prüfung die Konzentration und nachts den Schlaf. Sie fühlt sich immer kraftloser und hat zunehmend den Eindruck, dass ihr die Situation über den Kopf wächst. Fehler schleichen sich ein, Arbeiten bleiben liegen, das Prüfungsergebnis ist unbefriedigend. Schließlich muss sie für ihre Mutter auch noch einen Platz in einem Pflegeheim organisieren. Je mehr die Gedanken um die für sie immer bedrohlicher werdende Situation kreisen, desto mehr wird sie von der Krise erfasst.

Das Beispiel zeigt, welche Dynamik ein belastendes Ereignis entwickeln kann – wenn wir es als bedrohlich und unsere Handlungsmöglichkeiten als gering einstufen. Doch wie kommen wir zu dieser Bewertung? Eine wichtige Rolle spielen unsere Grundannahmen. Sie sind die Brille, durch die wir die Welt betrachten. Glauben wir an ein freundliches oder ein feindliches Schicksal? Sind wir zuversichtlich, dass am Ende alles gut wird, oder blicken wir ängstlich in die Zukunft? Maßgeblichen Einfluss haben auch bisherige Erfahrungen mit kritischen Lebensereignissen. Konnten wir diese angemessen bewältigen? Sind wir aus Krisen gestärkt hervorgegangen? Oder haben sie uns hilflos und verwundet zurückgelassen?

Schätzen wir eine Situation als bedrohlich und unsere Möglichkeiten, sie positiv zu beeinflussen, als gering ein, dann entsteht Stress. Stress blockiert unser Stirnhirn – den Teil unseres Gehirns, den wir brauchen, um eine Situation zu erfassen, verschiedene Handlungsmöglichkeiten abzuwägen und dann angemessen zu reagieren. Dies äußert sich in einem Nachlassen der Konzentration, in Fehleinschätzungen und – vor allem bei komplexen Aufgaben – in Leistungseinbußen.

Somit nimmt auch die Wahrscheinlichkeit, dass Bewältigungsversuche gelingen, unter Stress ab. Gleichzeitig verstärken erfolglose Bewältigungsversuche den Stress und lassen die Situation immer bedrohlicher und unsere Handlungsmöglichkeiten immer geringer erscheinen. Gefühle der Ohnmacht und Angst nehmen zu. Auch Alltägliches gelingt plötzlich nicht mehr. Die Krise hat eine Eigendynamik entwickelt. Die Grafik auf Seite 17 veranschaulicht diese Dynamik.

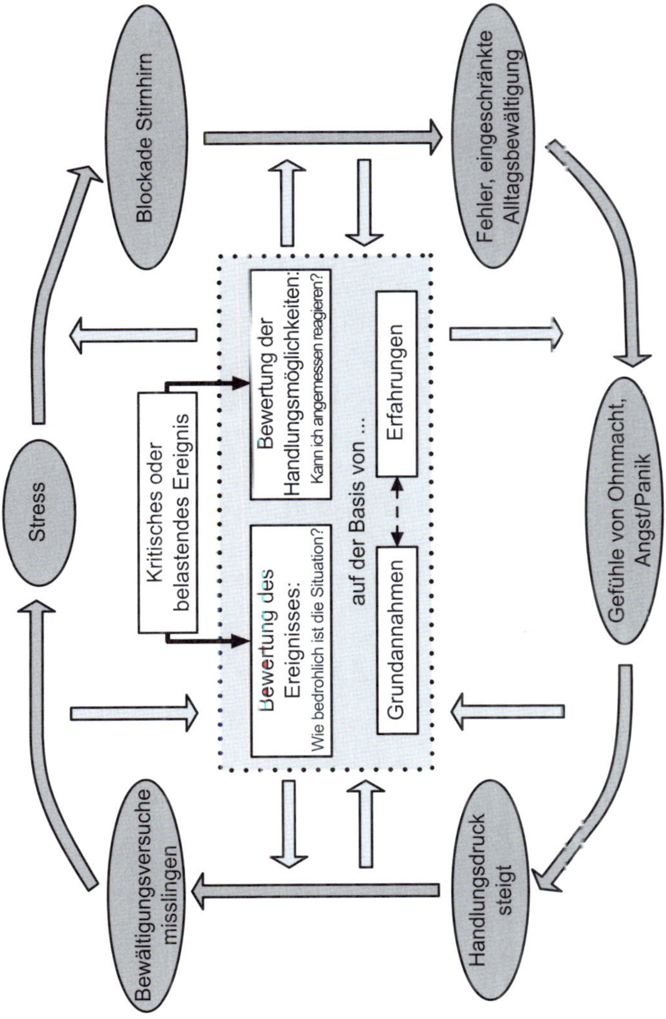
Stress
Blockade Stirnhirn
Fehler, eingeschränkte Alltagsbewältigung
Gefühle von Ohnmacht, Angst/Panik
Handlungsdruck steigt
Bewältigungsversuche misslingen
Kritisches oder belastendes Ereignis
Bewertung des Ereignisses: Wie bedrohlich ist die Situation?
Bewertung der Handlungsmöglichkeiten: Kann ich angemessen reagieren?
auf der Basis von ...
Grundannahmen
Erfahrungen

Die Pfeile verdeutlichen, dass sich alle Faktoren gegenseitig beeinflussen und so den für eine Krise so typischen Aufschaukelungseffekt erzeugen. Dieser ist wiederum dafür verantwortlich, dass sich eine Krise meist verschärft, sobald sie als solche wahrgenommen wird.

Krisenbewältigung beginnt damit, die Krisendynamik zu unterbrechen und den Krisenstress zu reduzieren. Ein erster Schritt dazu kann darin bestehen, die Krise als einen vorübergehenden Zustand zu akzeptieren und ihr damit den „Beigeschmack der Katastrophe" (Max Frisch) zu nehmen.

Hilfreich ist oft auch eine Weitung der Perspektive, z. B. durch eine einfache Übung:

Übung 1: Weitung der Perspektive

Nehmen Sie sich etwas zur Hand, das Ihre Krise symbolisiert, z. B. ein schwarzes Tonpapier. Halten Sie diesen Gegenstand zunächst so, dass er etwa 20 cm Abstand zu Ihren Augen hat, und starren Sie ihn an.

Was sehen Sie? Sie sehen das, was Sie üblicherweise in einer Krise sehen – nämlich die Krise und sonst nichts.

Führen Sie den Gegenstand nun langsam von Ihren Augen weg; er verändert sich dadurch nicht. Aber Sie sehen plötzlich, dass die Wirklichkeit nicht nur aus der Krise besteht. Lenken Sie Ihren Blick für einen Augenblick auf das, was Sie umgibt.

Gibt es da etwas, woran Sie sich freuen? Etwas, das Ihnen Kraft oder Mut gibt? Jemand, der Sie unterstützt und Ihnen den Rücken stärkt? Erfahrungen, die Sie ermutigen? Wenn Sie sich eine Weile auf diese andere Wirklichkeit konzentriert haben, schauen Sie noch einmal auf den Gegenstand, belassen ihn aber in dem Abstand, den Sie zuletzt hatten.
Was hat sich verändert?
Wiederholen Sie die Übung, sobald Sie merken, dass die Fixierung auf die von der Krise erfassten Bereiche Ihres Lebens wieder zunimmt.

Krisen entwickeln eine Eigendynamik. Krisenbewältigung beginnt damit, dass die Fixierung auf die Krise aufgelöst und die Krisendynamik unterbrochen wird. 30

1.3 Krisen enthalten Aufgaben – und Chancen

Der Krisenbegriff ist in unserer Gesellschaft überwiegend negativ besetzt. Dies ist nicht verwunderlich, schließlich ist eine Krise kein Zustand, in dem wir uns wohlfühlen. Eine Krise stellt bisherige Erfahrungen, Werte, Ziele und vermeintlich Sicheres infrage. Sie erschüttert den Boden unter unseren Füßen und stellt die Frage nach unserer Verankerung. Sie offenbart, dass die bisher erworbenen Problemlösefähigkeiten und Bewältigungsstrategien nicht ausreichen – jedenfalls nicht zur Bewältigung der aktuellen Situation. All dies hat bedrohlichen Charakter. Wir ahnen, dass unser Leben dauerhaft Schaden nehmen kann.

Aber das ist nur die eine Seite einer Krise. Immer wieder berichten Menschen, dass sie ihren Erfolg einer Krise verdanken, dass eine Krise ihnen neue Horizonte eröffnet, ihr Leben auf eine neue Basis gestellt oder sie stärker, gelassener und selbstbewusster gemacht hat.

Im Chinesischen setzt sich das Schriftzeichen für Krise (wei-ji) aus den Zeichen für Gefahr und Chance zusammen. Und in der Tat liegen in einer Krise immer beide Momente, das der Bedrohung und das der Chance.

Spitzt sich eine Situation zu, dann nehmen wir zunächst die Gefahr wahr. Aber vielleicht liegt in der Zuspitzung auch die Chance, dass eine längst überfällige Entscheidung nun nicht länger aufgeschoben werden kann. Vielleicht löst sich, wenn wir mit dem Rücken zur Wand stehen, eine Blockade und wir wagen etwas, das wir uns bisher nicht zutrauten. Wenn der Boden unter unseren Füßen wankt, ist dies gefährlich. Aber vielleicht liegt darin auch die Chance, dass wir uns wieder einmal darauf besinnen, was unser Leben lebenswert macht und welche Überzeugung uns in Krisensituationen trägt. Vielleicht brauchen wir einen deutlichen „Schuss vor den Bug“, um ein Verhalten, mit dem wir wiederholt angeeckt sind, zu ändern. Vielleicht brauchen wir eine Krise, um zu erkennen, was wir an den Menschen an unserer Seite haben bzw. auf welche Menschen wir uns verlassen können.

Viele Krisen beinhalten eine Aufgabe. Sie weisen uns auf etwas hin, dem wir bisher nicht genügend Beachtung geschenkt haben. Dies kann etwas sein, wovor wir bisher zurückgeschreckt sind, etwas, das wir partout nicht wahrhaben wollen, eine bisher nicht korrigierte Schlagseite.

Jedenfalls lohnt es sich, in einer Krise über folgende Fragen nachzudenken:

- Was muss ich akzeptieren, wenn ich weiterkommen will?
- Was muss ich ändern, um aus der Krise herauszukommen?
- Wen brauche ich jetzt an meiner Seite? Wer kann mich unterstützen?
- Wer oder was gibt mir Halt? Was macht mein Leben lebenswert?

Der Weg aus einer Krise ist immer verbunden mit einer Neuorientierung. Die Prioritäten haben sich verändert, irgendetwas ist anders als vor der Krise.

Beispiel
Jörg Schmidt (44) ist Bereichsleiter in einem Unternehmen der Stahlindustrie. Er genießt sowohl bei seinen Mitarbeitern wie auch bei seinen Vorgesetzten und Kollegen ein hohes Ansehen. Als die Stelle eines Werksleiters neu zu besetzen ist, setzt sich ein Vorstandsmitglied für ihn ein. Herr Schmidt fühlt sich geehrt und gibt ohne Umschweife sein Einverständnis. Als der Termin, an dem er die neue Stelle antreten soll, näher rückt, packt ihn plötzlich eine panische Angst, der neuen Aufgabe nicht gewachsen zu sein. Nachts raubt ihm die Angst den Schlaf, tagsüber kann er sich nicht mehr auf seine Arbeit konzentrieren. Als er kräftemäßig völlig am Ende ist, teilt er seinem Vorgesetzten mit, dass er die Stelle nicht antreten kann. Nun befürchtet er, als Versager dazustehen und als Führungskraft nicht mehr akzeptiert zu werden.
Mithilfe eines Coaches lernt er, die Krise mit anderen Augen zu sehen. Was ihm trotz seiner Bilderbuchkarriere fehlt, ist das Vertrauen in die eigenen Fähigkeiten. Als ehemaliger Hauptschüler glaubt er, seine Defizite nur durch einen extrem hohen Einsatz und einen eisernen Willen ausgleichen zu können.
Herr Schmidt lernt, sich seiner Kompetenzen zu vergewissern, indem er sich erfolgreich bewältigte Situationen in Erinnerung ruft. Im Rückblick stellt er fest, dass die Krise nötig war, um sein Selbstvertrauen zu stärken und ihn gelassener zu ma-

chen. Dies hat ihm nicht nur zu neuer Lebensqualität verholfen, sondern auch neue positive Rückmeldungen seiner Vorgesetzten, Kollegen und Mitarbeiter eingebracht.

Das Beispiel verdeutlicht, dass es möglich ist, gestärkt aus Krisen hervorzugehen und diese rückblickend als Chancen wahrzunehmen.
Die Fähigkeit, Krisen durch Nutzung persönlicher und sozial vermittelter Ressourcen zu meistern und sich dabei weiterzuentwickeln, kann man als Resilienz oder Widerstandsfähigkeit bezeichnen.

Eine Krise wird meist als Bedrohung empfunden. Sie ist aber zugleich auch eine Chance zur Weiterentwicklung. Wird die Aufgabe, vor die die Krise uns stellt, erkannt und erfüllt, dann können wir unter Umständen sogar gestärkt aus ihr hervorgehen. 30

30 MINUTEN

2. Das Resilienzkonzept

Seelische Widerstandskraft ist mehr als ein paar positive Gedanken oder die Konzentration auf die eigene Stärke. Sie ist auch kein außergewöhnlicher Persönlichkeitsfaktor besonders optimistischer Menschen. Vielmehr entsteht sie in einem Zusammenspiel zwischen Ihrer Umgebung, Ihren Vorerfahrungen und der Art und Weise, wie Sie Krisen und Belastungen verarbeiten. Das Resilienzkonzept erklärt, wie dieses Zusammenspiel im Idealfall funktioniert und welche Faktoren und Prozesse dabei besonders bedeutend sind.

2.1 Eine neue Sichtweise

Der amerikanische Forscher Al Siebert veröffentlichte 2005 eine Studie, in die 450 Mitarbeiter eines Tochterunternehmens des Telefonriesen AT&T einbezogen waren. Das Unternehmen erlebte zu dieser Zeit eine schwere und lang anhaltende Krise, sodass radikale Einschnitte und Personalabbau unumgänglich schienen.

Wie zu erwarten war, führte die Ankündigung der Stellenstreichungen bei einem größeren Teil der Mitarbeiter zu schwerwiegenden Beeinträchtigungen. Sie misstrauten dem Management und fühlten sich kraftlos und verwirrt, ihre Krankheits- und Fehlzeiten nahmen zu. Die Beeinträchtigungen äußerten sich unter anderem in Migräne, Angstattacken, Depressionen und Herz-Kreislauf-Krankheiten. Überraschend war jedoch, dass ein Drittel der Mitarbeiter scheinbar immun war gegen diese Ankündigungen, sie blieben zufrieden und gesund, ihre persönlichen Beziehungen waren stabil und ihre Leistungen im Unternehmen gut. Sie empfanden es als Herausforderung, mit den schwierigen Umständen zurechtzukommen, und sie nahmen diese Herausforderung an.

Eine ähnliche Entdeckung machte zuvor die Entwicklungspsychologin Emmy Werner, die in den 1990er-Jahren mit der Kauai-Studie ein weltweit beachtetes

Werk abschloss: In einer über 40 Jahre angelegten Langzeitstudie beschäftigte sie sich mit auf der Hawaii-Insel Kauai geborenen Risikokindern, die besonders ungünstigen Entwicklungsbedingungen wie wirtschaftlichen Notlagen, psychischen Erkrankungen oder Alkoholmissbrauch der Eltern, Missbrauch oder Vernachlässigung ausgesetzt waren. Zur Überraschung der Forscherin und entgegen der ungünstigen Prognose aufgrund der sozialen, materiellen und emotionalen Risiken wuchsen ein Drittel der untersuchten Kinder zu selbstsicheren, zuversichtlichen, schulisch und beruflich erfolgreichen und leistungsfähigen Erwachsenen heran. Werner nannte diese Kinder, die psychisch und sozial besonders widerstandsfähig waren, verletzlich, aber unbesiegbar.

Lange gingen Wissenschaftler der Frage nach, welche Faktoren dazu führen, dass Menschen krank werden oder scheitern. Untersucht wurden Risikofaktoren in der Persönlichkeit, in frühkindlichen Erfahrungen und Lebensumständen. Es schien klar, dass Menschen sich unter widrigen Bedingungen nicht gut entwickeln können.

Al Siebert, Emmy Werner und andere verfolgten einen anderen Ansatz: Sie richteten ihr Augenmerk auf diejenigen, denen die widrigen Bedingungen offenbar nicht schadeten, und suchten nach Faktoren, die diese Menschen verbinden. Diese neue Sichtweise war mit einem Paradigmenwechsel verbunden. Die Frage war plötzlich nicht mehr: „Was macht einen Menschen krank?“ oder „Was führt dazu, dass ein Mensch scheitert?“, sondern: „Was erhält einen Menschen auch unter ungünstigen Bedingungen gesund?“ bzw. „Was führt dazu, dass ein Mensch Niederlagen, Krisen und andere Widrigkeiten gut übersteht?“ Sie identifizierten Faktoren, die die Widerstandsfähigkeit eines Menschen positiv beeinflussen, und entwickelten aus ihren Erkenntnissen das Resilienzkonzept. Es weist Parallelen zum Konzept der Salutogenese (Aaron Antonovsky), zum Stress-Coping-Modell (Richard Lazarus), zur Existenzanalyse und Logotherapie (Viktor Frankl) und den Ansätzen der Positiven Psychologie auf, bietet aber ein weiter gehendes und umfassenderes Modell für die Fähigkeit, zerrüttenden Herausforderungen des Lebens standzuhalten und aus diesen Erfahrungen gestärkt und bereichert hervorzugehen. Es beinhaltet sowohl persönliche wie auch soziale Ressourcen, die einen erfolgreichen Umgang mit kritischen Lebensereignissen und widrigen Bedingungen begünstigen.

30 *Ausgangspunkt für die Entwicklung des Resilienzkonzepts ist die Beobachtung, dass nicht alle Menschen, die widrigen Bedingungen ausgesetzt sind, Schaden nehmen. Etwa jeder dritte*

Mensch verfügt über so viel Widerstandsfähigkeit, dass er belastende Ereignisse und ungünstige Rahmenbedingungen gut verkraftet.

2.2 Ressourcen

Resilienz ist keine angeborene Fähigkeit. Viele der Faktoren, die Ihre eigene Widerstandskraft begünstigen, können gefördert werden. Sie können als Ressourcen betrachtet werden, die Sie aufbauen und auf die Sie bei Bedarf zurückgreifen können.
Die wesentlichen Ressourcen lassen sich in vier Gruppen aufteilen:

Persönliche Kompetenzen:

- Kognitive Kompetenzen: Fähigkeit zur Selbstreflexion, Reflexion und Neubewertung von Erfahrungen, Lernfähigkeit
- Emotionale Stabilität: angemessener Umgang mit Gefühlen, Selbststeuerung
- Kontaktfähigkeit
- Humor

Kognitive Kompetenzen sind von allgemeiner Intelligenz zu unterscheiden. Gemeint sind dabei eher die Fähigkeit, bewusst die eigenen Gedanken zu steuern,

Zusammenhänge zu erkennen und angemessen zu bewerten.

Proaktive Grundhaltung:

- Selbstverantwortung, Selbstfürsorge
- Sinnkonzepte, Glaubensüberzeugungen
- Akzeptanz
- Lösungsorientierung

Proaktive Menschen haben erkannt, dass sie auch unter schwierigen Umständen immer noch selbst die Gestaltung ihres Lebens lenken können. Sie begreifen ihr Leben als eine Funktion ihrer zielorientierten Entscheidungen, nicht der gegebenen Bedingungen. Was sie nicht ändern können, akzeptieren sie, ansonsten nehmen sie Handlungsspielräume wahr und suchen nicht nach Fehlern, sondern nach Lösungen.

Soziale Ressourcen:

- Familie (Partner, Eltern)
- Freundeskreis, Kollegen
- Berater
- Vorbilder

Ein unterstützendes Umfeld kann Resilienz begünstigen, indem es die Betroffenen während des Bewältigungsprozesses begleitet, ohne vorschnelle Festlegungen auf bestimmte Einstellungen der Krise gegenüber zu treffen und ohne den Betroffenen in eine bestimmte Richtung dirigieren zu wollen. Wichtig ist lediglich, dass das Umfeld eine eigene positive Sicht auf die Zukunft vertritt.

Arbeitsbezogene Ressourcen:

- Sinnvolle Tätigkeit
- Passende Aufgabenstellung
- Flexible Organisation
- Materielle Absicherung

Arbeit nimmt in unserer Gesellschaft einen zentralen Stellenwert ein. Sie ermöglicht soziale Identität, Kontakte zu anderen Menschen über den Kreis der Familie hinaus und fördert einen strukturierten Tagesablauf. Das Individuum verbindet mit Erwerbsarbeit die Befriedigung von Bedürfnissen nach Sicherheit, Entlohnung und Autonomie, häufig auch die persönliche und berufliche Weiterentwicklung.

So spielt auch das Arbeitsumfeld der Betroffenen im Resilienzkonzept eine wesentliche, in der Praxis oft unterschätzte Rolle. Wichtig ist dabei eine Aufgabenstellung, die zu den eigenen Kompetenzen passt – also durchaus anspruchsvoll, aber nicht überfordernd ist. Arbeitgeber, die ihre Mitarbeitenden für den Fall der Fälle gut materiell absichern und bei Bedarf individuelle und flexible Pläne im Dialog mit den Betroffenen erarbeiten, begünstigen den Resilienzprozess wesentlich. Häufig ist es wichtig, diese arbeitsbezogenen Pläne schon frühzeitig zu erarbeiten und beispielsweise nicht erst gegen Ende einer Rekonvaleszenzzeit.

30 *Resiliente Menschen verfügen über gute Ressourcen in ihrem persönlichen und beruflichen Umfeld, über stabilisierende Persönlichkeitsmerkmale und über die Fähigkeit, proaktiv zu handeln.*

2.3 Der Dialektikprozess

Es ist wichtig, zu verstehen, dass Verarbeitung im Sinn der Resilienz nicht linear verläuft, sondern in Wechseln. Das bedeutet, dass selbst bei Stehaufmenschen Aspekte wie Depressivität, Hilflosigkeit, ein Gefühl des Ausgeliefertseins, Suizidalität oder allgemein kontraproduktives Verhalten auftreten können. Solche Krisen in der Krise müssen dann nicht beunruhigen, wenn man sie als Teil der bei Resilienz üblichen Bewältigungsprozesse einordnen kann. Kein Weg führt permanent nur bergauf, und gerade bei schweren Belastungen ist es normal, dass auch Täler durchschritten werden müssen.

Auch Menschen, die über Resilienz verfügen, kennen die Gefühle der Enttäuschung und Verzweiflung, die Gedanken der Hoffnungslosigkeit und Sinnlosigkeit, den Wunsch nach Rückzug oder nach kurzfristiger Erleichterung. Aber sie finden dann zu einem Bewältigungsprozess, der Schlimmes nicht ausgrenzt und ihnen doch neue Horizonte für ihr Denken und Fühlen eröffnet. Dieser Prozess gelingt durch emotionale und kognitive Auseinandersetzung mit der Situation, und er gelingt vor allem dann, wenn die Betroffenen die Dialektik des Bewältigungsprozesses zulassen. Gemeint ist damit, dass sie in ihren persönlichen und beruflichen Orientierungen eine innere Position finden, die eine Balance zwischen unterschiedlichen Polen herstellt. Dies verdeutlicht folgende Grafik:

Resiliente Menschen beziehen gegensätzliche und doch zusammengehörende Polaritäten in ihr Denken ein.
Aus der Stressforschung von Richard Lazarus wissen wir, dass Stress nicht in erster Linie die von außen kommende Belastung ist, sondern vielmehr eine problematische Wechselwirkung, eine schwierige Dynamik zwischen einer Person und einer Situation. Auf welche Art und Weise Widrigkeiten im Leben uns beeinflussen, hängt nicht nur von der Umwelt ab, sondern auch davon, wie wir auf die Belastungen reagieren, welche (innere) Interaktion wir mit den Belastungen eingehen.
Rückschläge, Krisen, schwere Erkrankungen polarisieren. Sie entfalten ein Spannungsfeld zwischen bodenloser Enttäuschung und zaghaftem Optimismus, zwischen Rückzug in die Isolation und zwischenmenschlicher Kontaktsuche, zwischen Widerstand oder Kampf und Schicksalsergebenheit. Die Liste dieser Polaritäten könnte fortgesetzt werden.
Resiliente Menschen unterscheiden sich von anderen dadurch, dass sie in ihre Verarbeitungsprozesse immer wieder diese gegensätzlichen Positionen einbeziehen. Sie legen sich nicht einseitig auf einen Pol fest und grenzen gleichzeitig den anderen aus. Es geht dabei nicht darum, eine Position genau in der Mitte zwischen den Polaritäten zu finden. Vielmehr darum,

die gegensätzlichen und doch zusammengehörenden Aspekte je nach eigenen Vorerfahrungen und Persönlichkeitsmerkmalen auszutarieren und dabei auch Pendelbewegungen zuzulassen, ohne in ein Entweder-oder-Denken zu verfallen und ohne sich verfrüht auf eine bestimmte Position festzulegen.

Dieser kognitive Verarbeitungsprozess steht in Wechselwirkung mit den zuvor (siehe Kapitel 2.2) beschriebenen Ressourcen. Wie diese Faktoren zusammenwirken, wird grafisch im Resilienzmodell dargestellt:

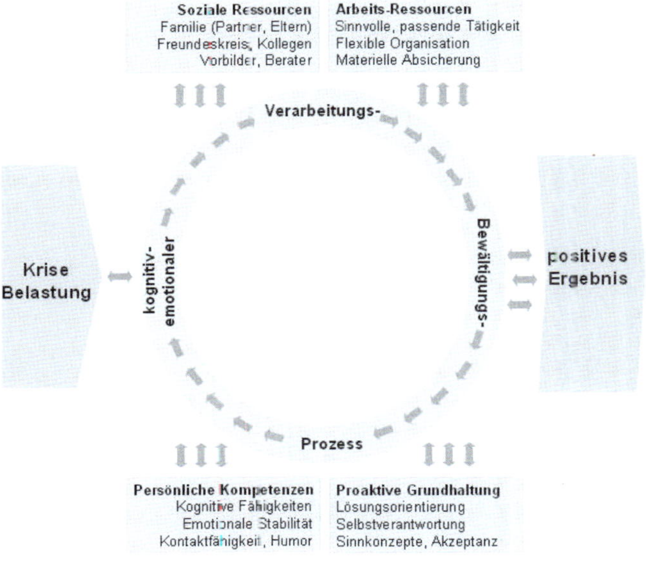

Was in der grafischen Darstellung des Resilienzmodells zunächst vielschichtig erscheint, verdeutlicht eine ganzheitliche Wirkungsweise. Innere Prozesse, persönliche Haltungen und Kompetenzen sind genauso bedeutsam wie äußere Einflussfaktoren. Sie können Ihren Resilienzprozess fördern, indem Sie bewusst auf die genannten Ressourcen achten und sie bei bedarf zielgerichtet ausbauen. Daneben erfordert das Gelingen des Resilienzprozesses aber auch emotionale und kognitive Fähigkeiten, die durch Selbstreflexion und durch Training gestärkt werden können. Lesen Sie deswegen im nächsten Kapitel mehr über die wichtigsten Stehauf-Faktoren – oder machen Sie zuvor unseren Selbstcheck zur Erfassung Ihres momentanen Resilienzprofils (siehe Seite 84).
Und vergessen Sie dabei nicht:
Resilienz ist dynamisch, sie lässt sich nicht wie eine Maschine an- oder ausschalten. Sehr wohl aber können Sie sie entwickeln und stärken.

30

Das Resilienzmodell kann als Prozess verstanden werden, der dazu führt, dass eine Krise oder eine Belastung kompetent verarbeitet wird, sodass am Ende ein positives Ergebnis im Sinn einer neuen Orientierung oder eines Zugewinns an Fähigkeiten und Zufriedenheit erzielt wird.

30 MINUTEN

Welche Faktoren fördern Resilienz?

Seite 40

Welches Umfeld brauchen Stehaufmenschen?

Seite 55

Worauf achten Stehaufmenschen?

Seite 62

3. Resilienzfaktoren

Es ist längst klar geworden: Resilienz ist kein statischer Zustand, sondern ein Prozess, der von Dynamik und Wechselwirkungen geprägt ist. Stehaufmenschen haben gelernt, diesen Prozess an entscheidenden Stellen konstruktiv zu beeinflussen. Sie haben ihre individuellen Bewältigungsstrategien erarbeitet und – um im Bild der Stehauf-Spielzeugfiguren zu sprechen – Sie wissen ihren Schwerpunkt nach unten zu verlagern und kennen ihre Rückholfedern. Sie vertrauen darauf, auch in schwierigen Situationen noch Handlungsmöglichkeiten und Lösungen zu finden.

3.1 Eine stabile Persönlichkeit

„Ich bin eingebettet in etwas Gesamtes. Ich spüre, dass das Ganze einfach so richtig ist. Ich glaube, dass es für mich eigentlich nichts Schlechtes gibt."

(Personalberater, 39, nach einem folgenreichen Motorradunfall)

Eine stabile Persönlichkeit lässt sich mit dem tiefen Schwerpunkt der Stehauf-Spielzeugfigur vergleichen. Während Unheil und Misserfolge oder allgemein zerstörerische Kräfte die Figur zum Wackeln und manchmal auch in eine bedenkliche Schräglage bringen, sorgt der tiefe Schwerpunkt für ein neues Einpendeln im Gleichgewicht und bringt Ruhe ins Geschehen.

So ist es auch mit Persönlichkeitsmerkmalen und Grundüberzeugungen. Sie sind keine leicht zu beeinflussenden Faktoren. Viele Menschen kennen das aus eigener Erfahrung – meist dann, wenn sie an sich unerwünschte Persönlichkeitsmerkmale entdecken. Eine Veränderung ist zwar nicht unmöglich, sie erfordert aber einige Anstrengung und vor allem Zeit und Geduld. Im positiven Sinn bedeutet diese Erfahrung aber auch, dass Persönlichkeitsfaktoren gerade in krisenbehafteten und stürmischen Zeiten für Festigkeit und Widerstandskraft sorgen können – vor-

ausgesetzt, es handelt sich um die „richtigen", die hilfreichen und stabilisierenden Faktoren.
Zugegeben: Nicht alle diese Fähigkeiten lassen sich innerhalb kurzer Zeit trainieren. Unterschiedliche Menschen werden die jeweiligen Fähigkeiten auch immer in unterschiedlichem Ausmaß entwickeln. Manche werden sich dabei der Unterstützung eines Coaches oder gar eines Therapeuten bedienen. Im Ergebnis aber wird es ihnen möglich sein, zum Kreis derer zu gehören, die im Bedarfsfall in ihr inneres Gleichgewicht zurückfinden.
Die Erfahrungen von Stehaufmenschen zeigen, dass zu einer stabilen Persönlichkeit sowohl emotionale als auch kognitive Kompetenzen gehören. Sie bilden ein wesentliches Grundgerüst, um im Dialektikprozess das Gleichgewicht nicht vollends zu verlieren und immer wieder eine Balance zwischen den gegensätzlichen Polen zu finden.

Emotionale Stabilität

Emotionen und Gefühle sind ein wesentlicher Bestandteil des menschlichen Lebens. Während mit Gefühlen meist die äußerlich wahrgenommenen und wahrnehmbaren Regungen gemeint sind, beziehen Emotionen auch tiefer liegende seelische Empfindungen mit ein. So ist mit emotionaler Stabilität eine tief verankerte innere Sicherheit und Gelassenheit gemeint, die mit einer ausgeprägten Fähigkeit zur Kontrolle der eigenen Emotionen einhergeht. Menschen, die über diese Fähigkeit verfügen, zeigen ausgeglichene und wenig sprunghafte emotionale Reaktionen, sie sind im Allgemeinen sorgenfrei – ohne jedoch die Realität einer Situation zu verkennen. Auf dieser Grundlage entwickeln sie eine besondere Fähigkeit zur raschen Überwindung von Misserfolgen und Rückschlägen.

Obwohl emotionale Stabilität ein wichtiger Faktor – nicht nur für Resilienz – ist, wird Emotionen im Arbeitsleben auch heute noch eine eher randständige und als lästig empfundene Rolle zugeschrieben. Diese Haltung entspringt altem kartesianischen Denken, das von einer Dualität von Geist und Körper und damit einer Dualität von Intellekt und Emotionen ausgeht. Allerdings hält diese Sichtweise modernen Anforderungen nicht mehr stand. Emotionen und Intellekt sollten vielmehr als Paar betrachtet werden, indem der Intellekt auf eine erfolgreichere Anwendungsebene gehoben wird, wenn er auf eine gute Art und Weise mit den Emotionen in Verbindung gebracht wird.

Ein wesentlicher Aspekt ist dabei zunächst die Offenheit, sich mit eigenen emotionalen Erlebensinhalten auseinanderzusetzen – auch wenn diese nicht immer angenehm sind. Diese Selbstreflexion im Sinne der Auseinandersetzung mit eigenen Gefühlen, gedanklichen Reaktionen, Verhaltensimpulsen oder auch Fantasien führt zu einem besseren Verständnis der Situation und der Veränderungen, die durch ein bestimmtes Ereignis hervorgerufen werden. Gleichzeitig wird nicht mehr nur äußeres Geschehen, sondern das „tatsächliche" eigene innere Erleben zum Bezugspunkt für Denken und Handeln. Die eigenen Emotionen werden als bewusste zusätzliche Informationsquelle und Entwicklungsressource nutzbar gemacht und ermöglichen eine adäquate Reaktion auf die Krise.

Menschen, die über emotionale Stabilität verfügen, zeichnen sich darüber hinaus durch eine gewisse Gelassenheit und die Fähigkeit, sich selbst abzugrenzen, aus. Sie verfügen über die Zuversicht, dass auch Dinge, die sich nicht sofort regeln lassen, einen guten Ausgang nehmen können. Und sie wissen, dass nicht alles, was geschieht, ihr persönliches Eingreifen erfordert und sie nicht für alles die Verantwortung übernehmen können. Sie sind getragen von einem gesunden Selbstwertgefühl, das den eigenen Fähigkeiten und Stärken keine übersteigerte Bedeutung beimisst, sie aber auch nicht als minderwertig darstellt. Aus dieser Sicherheit und Entspanntheit heraus sind sie in der Lage, auch eine gewisse Portion Neugier und Offenheit für neue und ungewohnte Erfahrungen zu entwickeln.

Kognitive Fähigkeiten

Eng gepaart mit der emotionalen Stabilität sind kognitive Fähigkeiten, die flexibles und gleichzeitig akkurates und zielgerichtetes Denken fördern. Stehaufmenschen sind in der Lage, gerade in der Krise bewusst ihre Gedanken zu lenken. Dies kann wiederum positive Rückwirkungen auf die emotionale Erlebensebene haben und auch dort stabilisierend wirken.

Kognitive Fähigkeiten sind nicht zu verwechseln mit intellektuellen Fähigkeiten. Auch wenn Letztere dem kognitiven Bereich zuzurechnen sind, geht es im Sinn der Resilienz um Aspekte wie flexibles Denken, analytische Kompetenzen und die bewusste Ausrichtung der Gedanken auf das Gute.

Beispiel

Herr Franke bringt sich nach einem Arbeitsplatzwechsel voller Enthusiasmus in sein neues Unternehmen ein. Die Dinge entwickeln sich gut, sein Teamleiter gibt ihm immer wieder positives Feedback. Nach einiger Zeit hat Herr Franke in einem Projekt ein schwieriges Problem zu lösen. Am Abend desselben Tages erhält er von seinem Teamleiter eine E-Mail, dass er ihn am nächsten Morgen dringend sprechen möchte. Herrn Frankes Reaktion: „Was habe ich denn falsch gemacht?" Als er am nächsten Morgen erfährt, dass sein Chef ihn wegen einer Zusatzgratifikation zu sich geladen hat, merkt er, dass er in eine typische Denkfalle geraten ist. Aufgrund gewisser Vorerfahrungen war sein Denkmuster: „Wenn mein Chef mich einbestellt, kann das nur deswegen sein, weil er Kritik äußern will."

Resiliente Menschen durchbrechen solche starren Wenn-dann-Denkmuster. Sie stehen unbekannten Situationen offen gegenüber und wissen, dass es meist verschiedene Gründe für ein bestimmtes Verhalten und auch verschiedene Erklärungsmuster für ein bestimmtes Phänomen gibt. Sie sind meist auch in der Lage, eine bestimmte Sache von verschiedenen Seiten zu betrachten, und wissen, dass es außer ihrer Perspektive noch weitere subjektive Sichtweisen auf eine Situation geben kann. Um diese ebenfalls zu erfassen, sind sie in der Lage, sich auch in andere Perspektiven hineinzuversetzen. So entsteht eine umfassende Betrachtung einer Sache oder einer Situation, die bei Krisen die Grundlage zur Problemlösung bildet.

Darüber hinaus kann in Problemsituationen die Fähigkeit zum bewussten Lenken der Gedanken dazu genutzt werden, diese auf das Gute auszurichten. Damit ist nicht positives Denken, wie es hin und wieder vorgeschlagen wird, gemeint. Es geht nicht darum, die erlebte Wirklichkeit durch eine andere Gedankenwirklichkeit zu ersetzen. Ausrichtung auf das

Gute heißt aber, dass negative Gedanken wie beispielsweise Selbstmitleid oder Schuldzuweisungen bewusst beiseitegeschoben werden, um sich selbst den Umgang mit einer Enttäuschung zu erleichtern. Auch gehören innere Dialoge dazu, die sich anstelle des häufigen negativen Gedankenkreisens mit positiven Ergebnissen befassen.

Kontaktfähigkeit

Der Resilienzprozess lässt sich nicht vom Kontakt zu Mitmenschen abkoppeln. Resilienz geschieht in Wechselwirkung mit der Umwelt. Die Fähigkeit, auf eine gute und angemessene Art und Weise mit den Mitmenschen – mit nahestehenden und weniger nahestehenden – in Kontakt zu treten, ist ein weiterer wichtiger Stehauf-Faktor.

Kontaktfähige Menschen sind in der Lage, auf andere Menschen zuzugehen und auch Initiativen zu setzen, die für andere attraktiv sind. Sie finden leicht positiven Kontakt zu anderen, teilen sich anderen mit, können sich öffnen und damit auch tiefer gehende Beziehungen eingehen. In einer Gruppe werden sie angenehm wahrgenommen und ihre Meinung wird respektiert.

Aber nicht nur die Fähigkeit, sich mitzuteilen, gehört zur Kontaktfähigkeit, sondern auch die Bereitschaft und Fähigkeit, sich auf Mitmenschen einzustellen, ihre Bedürfnisse, ihre Emotionen wahrzunehmen und darauf einzugehen. Dazu verfügen sie über ein gutes Maß an Empathie – an Einfühlungsvermögen für das Denken und Empfinden ihrer Mitmenschen. Sie können Emotionen in Mimik, Gestik, Körperhaltung und Stimme anderer Personen wahrnehmen und diese Wahrnehmung für ein konstruktives Miteinander nutzen. Die Folge sind tiefer gehende und tragfähige Beziehungen.

Stehaufmenschen verfügen über emotionale
Stabilität, kognitive Kompetenzen und Kontakt- 30
fähigkeit.

3.2 Eine proaktive Grundhaltung

„Der Mensch ist nicht frei von Bedingungen, er ist nur frei, zu ihnen Stellung zu nehmen. Aber sie bestimmen ihn nicht eindeutig. Denn letzten Endes liegt es an ihm, zu bestimmen, ob er den Bedingungen unterliegt, ob er sich ihnen unterwirft. Es gibt nämlich immer einen Spielraum, innerhalb dessen er sich über sich selbst hinaus erheben kann."

(Viktor Frankl, KZ-Überlebender, in der Rückschau auf seine Internierung im Gefangenenlager)

Rettungsschwimmer kennen die Situation und bereiten sich in Übungen darauf vor: Als typisch menschliche Reaktion schlagen Menschen, die im Wasser in Not geraten und zu ertrinken drohen, wild um sich. Sie verfallen in einen unkoordinierten Aktionismus, der echte Hilfe erschwert. Diese Art von Aktionismus lässt sich auch immer wieder beobachten, wenn Menschen in Krisen geraten. Sie handeln dann zwar sehr aktiv, aber ohne Augenmaß, ohne ausreichende Koordination, ohne Erfolg. Die Folge sind häufig Ermüdungserscheinungen und Frustrationen, und nur selten stellen sich dann hilfreiche Veränderungen der Situation ein.

Umgekehrt gibt es auch jene fatalistische Haltung von Menschen, die sich ohne Hinterfragen oder Lösungssuche in ihr Schicksal hineinbegeben – und meist länger als notwendig darin verharren. Diese Menschen gehen nicht davon aus, dass sie Einfluss nehmen können auf eine Situation, die zunächst durch äußere Umstände erzwungen ist. Sie sehen keine Möglichkeit, einen eigenen Lösungsbeitrag zu leisten, und es gelingt ihnen nicht, die Energiereserven zu mobilisieren, die für ein eigenes Handeln in der Situation notwendig wären.

Stehaufmenschen finden neben dem Aktionismus und dem Fatalismus noch einen dritten Weg, mit ihrem Schicksal umzugehen: Proaktivität. Gemeint ist

damit eine Haltung und ein Verhalten, bei dem sie eine aktive und initiative Rolle einnehmen und selbstverantwortlich steuern, wie sie auf bestimmte Situationen reagieren. Sie begreifen ihr Verhalten nicht als Ergebnis der Bedingungen, selbst wenn sie diese nicht verändern können. Vielmehr leben sie in dem Bewusstsein, dass ihr Handeln ein Ergebnis ihrer bewussten und zielgerichteten Entscheidungen ist.
Proaktive Menschen sind sozusagen ihre eigenen „Wettermacher". Reaktive Menschen fühlen sich nur dann gut, wenn das Wetter um sie herum gut ist. Ist das Wetter aber schlecht, beeinflusst das ihre Haltung und ihr Befinden. Proaktive Menschen dagegen tragen „ihr eigenes Wetter" in sich. Natürlich unterliegen auch proaktive Menschen Umweltbedingungen, aber sie reagieren anders darauf.

Selbstverantwortung

Stehaufmenschen sehen sich nicht als Opfer widriger Mitmenschen oder Umstände, sie nehmen bewusst Abstand von der oft nur allzu verführerischen Opfermentalität. So sehr sie einerseits wissen, dass sie häufig zunächst keinen Einfluss auf die Krisenauslöser oder auf auftretende Belastungen nehmen können, so sehr wissen sie aber auch, dass vor ihrer Reaktion auf die Belastung noch ein Zwischenschritt erfolgt: ihre eigene Entscheidung, wie sie auf die Situation reagieren. Diese Entscheidung treffen sie bewusst und in Verantwortung sich selbst gegenüber.

Opfermentalität zeigt sich in vielen Symptomen: Zum einen ist die Wahrnehmung eingeschränkt, sodass Opfer vorrangig das wahrnehmen, was andere sagen oder tun. Opfer sehen deswegen nicht ihre eigene Realität, sondern sie nehmen die Situation so wahr, wie die Umwelt sie wahrnimmt. Ihre Haltung ist oft an der Sprache erkennbar, zum Beispiel an Aussagen wie „Ich kann nicht“, „Man lässt mich nicht“, „So bin ich eben“. Letzten Endes aber wird die eigene Ohnmacht zu einer sich selbst erfüllenden Prophezeiung, denn wer sich ständig ohnmächtig redet und denkt, wird initiativlos und wird auch von der Umwelt als schwach und handlungsunfähig wahrgenommen.

Stehaufmenschen dagegen leben in dem Bewusstsein, dass ihre eigene Sicht, ihr eigenes Erleben und ihre eigenen Entscheidungen relevant sind und Einfluss auf ihr Wohlergehen haben. Diesen Teil der Einflussnahme geben sie nicht aus der Hand, sondern halten ihn bewusst fest. Sie übernehmen damit die Verantwortung für sich selbst und leiten daraus ein zielstrebiges und aktives Handeln ab. Dazu gehört auch die Verantwortlichkeit, sich nicht selbst zum Sündenbock für die Fehler anderer zu machen, aber gleichzeitig nicht das eigene Verhalten mit Beschuldigungen oder Beschwerden über andere zu rechtfertigen.

Selbstverantwortung bei Stehaufmenschen bleibt immer gepaart mit Demut. Sie hat nichts mit der Überheblichkeit oder Arroganz von Menschen zu tun, die nicht bereit sind, sich beraten zu lassen oder Hilfe anzunehmen. Im Gegenteil: Wer selbstverantwortlich handelt, kennt seine Grenzen und sucht Ergänzung – ohne dabei aber die Verantwortlichkeit für sich selbst an Dritte abzuschieben.

Tragfähige Sinnkonzepte

Menschen, die ihr Leben als sinnhaft erfahren, betrachten vieles in ihrem Alltag als wichtig, bedeutsam und wert, sich dafür zu engagieren. Sie folgen inneren Glaubenssätzen und Überzeugungen, die ihr Leben aus ihrer subjektiven Sicht lebenswert machen, und sind so leichter als andere in der Lage, belastende Vorfälle und Ereignisse als positive Herausforderung zu betrachten. Tragfähige Sinnkonzepte gehen einher mit der Überzeugung und dem Erleben, dass die gestellten Probleme, Anforderungen und Belastungen bedeutsam sind und einen Wert haben.

Viktor Frankl, jüdisch-österreichischer Psychiater und ehemaliger KZ-Gefangener, beschrieb, nachdem er die Grausamkeiten seiner Gefangenschaft überlebt hatte, ausführlich das Sinnbedürfnis des Menschen und entwickelte daraus auch die heute sehr bekannte Logotherapie. Sie basiert auf der Erfahrung, dass es überlebensnotwendig sein kann, über ein Konzept zu verfügen, das dem Leben auch dann eine Sinnhaftigkeit gibt, wenn die gewohnten Umstände sich radikal verschlechtern. Frankls Aussagen decken sich mit den Erfahrungen vieler Menschen, dass ihr Glaube oder andere übergeordnete Sinnkonzepte ihnen in der Krise Halt und Zuversicht geben. Sinn lässt sich in aller Regel auf drei Wegen finden:

- im Dienst an einer Sache: durch ein bestimmtes Schaffen oder Tun, dem wir Bedeutung geben.
- in der Hingabe an Menschen: durch die Liebe zu einer Person oder im Einsatz für eine Gruppe von Menschen, die uns wichtig sind.
- im spirituellen Erleben: im Wissen um das Geliebtsein und Getragensein durch Gott.

Frankl ergänzt noch einen vierten Weg, indem er sagt, dass wir dort, wo wir mit einem Schicksal konfrontiert sind, das wir nicht ändern können, dort, wo wir als hilflose Opfer in eine hoffnungslose Situation hineingestellt sind, gefordert sind, über uns selbst hinauszuwachsen und eine Tragödie in einen Triumph zu verwandeln. Gerade dort, wo wir eine Situation nicht ändern können, gerade dort kann es ein Auftrag des Lebens an uns sein, uns selbst zu ändern, nämlich zu reifen, zu wachsen, über uns selbst hinauszuwachsen.

„Hoffnung ist nicht die Überzeugung, dass etwas gut ausgeht, sondern die Gewissheit, dass etwas Sinn hat, egal wie es ausgeht." (Václav Havel, ehemaliger tschechischer Staatspräsident)

Akzeptanz und Lösungsorientierung

Häufig reagieren Menschen auf schädigende Situationen, denen sie aus ihrer subjektiven Sicht nicht entgehen können, in dreifacher Weise:

- motivational: Sie ergeben sich in ihr Schicksal, resignieren, entwickeln weder Aktivität noch Aufbegehren.
- kognitiv: Sie verlieren die Fähigkeit zur Lösung kognitiv komplexer Aufgaben.
- emotional: Sie reagieren traurig und depressiv verstimmt.

Diese Reaktion muss jedoch nicht zwangsläufig beim Auftreten von Stress eintreten, wenn Menschen gelernt haben, eine Situation zu akzeptieren und gleichzeitig eine Lösung anzustreben. Was hier zunächst wie ein Oxymoron, ein Widerspruch in sich, klingt, hat durchaus eine wichtige Bedeutung: Menschen, die akzeptieren, dass eine Situation so ist, wie sie ist, müssen sich nicht mehr so sehr auf die Vergangenheit konzentrieren, müssen nicht mehr versuchen, Vergangenes ungeschehen zu machen. Sie sind nicht gefangen in Geschehenem, sondern können sich ganz auf die Gegenwart und die Zukunft konzentrieren. Sie akzeptieren ihre Begrenzungen und müssen ihre Kraft nicht investieren, um Unveränderbares oder kaum Veränderbares doch noch in Bewegung zu setzen.

In der Regel finden in der Verarbeitung einer kritischen Situation zwei Prozesse nacheinander statt: In einem ersten Schritt wird die Krise danach bewertet, welche Herausforderung, Bedrohung, welcher Verlust oder Schaden von ihr ausgeht. Diese erste Bewertung ist oft mit Ängsten und Sorgen verbunden. Resiliente Menschen achten in diesem Prozess bewusst auf ihre akzeptierende Grundhaltung. Dann folgt aber ein zweiter Schritt, in dem sie nach ihren Handlungsmöglichkeiten und nach den Chancen fragen, die Situation unter Kontrolle zu bekommen. In diesem zweiten Prozess loten sie alle Möglichkeiten aus, die sich ihnen eröffnen, um mit dem Stressereignis umzugehen.

Lösungsorientiertes Denken verlangt hin und wieder auch Fantasie und Kreativität. Lösungen liegen nicht immer im Bereich des Bekannten und Gewohnten, sondern im Blick auf Krisensituationen oft auch im Neuen, bisher noch nicht in Erwägung Gezogenen.

Durch überlegtes, lösungsorientiertes und initiatives Handeln können Menschen wesentlichen Einfluss auf ihr Wohlergehen nehmen. 30

3.3 Ein förderliches Umfeld

„Meine Frau und Tochter und mein Freundeskreis, das war eine wahnsinnige Unterstützung. Und, was mich überrascht hat, auch der Arbeitgeber und die ganze Kollegenschaft waren sehr hilfreich. Sie haben mich, als ich mich zurückgezogen habe, in Ruhe gelassen. Dann, stückchenweise, als es okay war, kamen sie, auch mein Geschäftsführer." (Führungskraft, 52, nach einer schweren gesundheitlichen Krise)

Entgegen den immer wieder beklagten gesellschaftlichen Individualisierungstendenzen gibt es nach wie vor die Gruppe von Menschen, die nicht nur oberflächlich netzwerken, sondern auch über ein soziales Umfeld verfügen, das im Bedarfsfall Orientierung gibt oder respektvoll für sie einsteht. Resiliente Menschen sind in der Lage, sich dieses Umfeld nicht nur in guten Zeiten zu erschließen, sondern es in der Krise auch unterstützend für sich zu nutzen.
Für Menschen, die im Regelfall ein hohes Maß an Selbstständigkeit und Eigenverantwortlichkeit le-

ben, kann es zunächst eine Hürde sein, andere Menschen gezielt um Hilfe zu bitten und diese Hilfe auch anzunehmen. Es ist aber sinnvoll, frühzeitig zu lernen, sich in gewisser Weise abhängig von seinem Umfeld zu machen, bewusst ein Stück der eigenen Selbstständigkeit aufzugeben und sich helfen zu lassen. In der Krise reichen die eigenen Kräfte oft nicht aus, all das zu bewerkstelligen, was zu tun ist. Dann werden Netzwerkpartner, Freunde und Familienangehörige zu einer wichtigen Ressource für mehr Lebensqualität und für positive Entwicklung.
Nicht immer stehen Menschen in Krisensituationen von Anfang an zur Verfügung. Und nicht immer bestätigt sich das bisherige soziale Umfeld als tragfähig. Dann besteht die Aufgabe darin, in einem ersten Schritt bewusst solche Netzwerkpartner zu suchen, die den Bewältigungsprozess den eigenen Bedürfnissen entsprechend unterstützen.

Familie und Bekanntenkreis

Nahestehende Menschen wie Familienangehörige, Freunde oder Kollegen spielen eine nicht zu unterschätzende Rolle beim Durchstehen schwieriger Situationen. Nach einer Umfrage des Forsa-Instituts aus dem Jahr 2009 erleben 80 Prozent der Befragten, dass insbesondere die eigenen Freunde ihnen Kraft bei der Bewältigung einer Krise gegeben haben.

Das Umfeld wird vor allem dann hilfreich wirken können, wenn es

- verlässlich ist,
- Hoffnung und Zuversicht vermittelt,
- entstandene Einschränkungen akzeptiert.

Menschen in Krisen berichten häufig, dass sie insbesondere ihr nahes soziales Umfeld wie Familienangehörige oder Partner in der Anfangsphase nicht als Unterstützung, sondern als zusätzliche Belastung erleben. Nahestehende Menschen fühlen sich durch die Krise oft auch selbst bedroht und eingeschränkt und reagieren niedergedrückt, ängstlich, besorgt, manchmal auch panisch. So kann es durchaus sinnvoll sein, in der Krise nicht alle Einzelheiten mit Familienangehörigen oder anderen nahestehenden Personen zu besprechen, sondern dazu gezielt Berater oder andere Menschen aufzusuchen, die sowohl Hoffnung und Zuversicht vermitteln als auch die Akzeptanz der Situation fördern. Dieser Rückgriff auf nicht direkt Betroffene kann dann auch familiäre oder partnerschaftliche Beziehungen vor Überforderung schützen oder entlasten. Paradoxerweise zeigt sich immer wieder, dass gerade eine solche Entlastung dazu führt, dass nahestehende Personen Schritt für Schritt Hoffnung und gleichzeitig Akzeptanz aufbauen und damit wieder hilfreich am Bewältigungsprozess mitwirken können.

Andererseits entstehen Krisen häufig in direktem Zusammenhang mit familiären Belastungssituationen. Gerade dann spielt das sonstige, nicht in die Krise einbezogene Umfeld eine wesentliche Rolle.

Freunde in der Not ...

So können Sie Freunde oder Verwandte bei der Bewältigung einer Krise unterstützen:

Überreden Sie Betroffene nicht, über ihre Probleme zu reden. Es ist natürlich, schwierige Ereignisse in kleinen Schritten und Schüben zu verarbeiten. Zwischendurch wenden sich viele gerade deshalb an Freunde und Verwandte, um sich abzulenken und nicht ständig über das Trauma nachdenken zu müssen.

- Akzeptieren Sie, wenn Betroffene sich seltsam verhalten oder ungewöhnliche Dinge sagen. Helfen Sie ihnen dabei, mit den heftigen Emotionen fertig zu werden und eine neue Einstellung zum Leben zu gewinnen.
- Drängen Sie die Betroffenen nicht, „nach vorne" zu blicken und sich Neuem zuzuwenden. Unterstützen Sie sie besser dabei, die negativen Gefühle auszuhalten. Auch wenn es zunächst paradox klingt, können diese Gefühle Veränderungen beschleunigen und helfen, einen Sinn aus dem erschütternden Ereignis zu ziehen.
- Lassen Sie der betroffenen Person viel Zeit, sich zu erholen. Bestärken Sie sie in der Hoffnung, dass die Dinge irgendwann wieder besser werden.

Berater und Vorbilder

Bereits im vorhergehenden Abschnitt wurde deutlich, dass Berater während der Krisenbewältigung eine bedeutsame Rolle spielen. Berater können je nach Situation Ärzte oder andere Behandler sein, aber auch Unternehmensberater, Coaches oder andere Menschen mit einem in der Situation hilfreichen professionellen Hintergrund. Manchmal sind Berater aber auch Menschen, die „einfach nur da" sind und als Sparringspartner zur Verfügung stehen. Wichtig ist dabei, dass die Berater Hoffnung vermitteln und sich den Betroffenen gleichzeitig intensiv und qualifiziert zuwenden. Dazu gehören vor allem unterstützende Gespräche zur Verarbeitung der Situation.

Resiliente Menschen suchen bewusst nach solchen Beratern, denen sie voll vertrauen und die den Bewältigungsprozess positiv unterstützen. Sich auf die Berater zu verlassen, sich ihnen anzuvertrauen und darauf zu bauen, dass sie nach bestem Wissen und Gewissen handeln, schafft Sicherheit und Perspektive in der Krise.

Gleichzeitig ist es aber auch wichtig, Beratern gegenüber nicht die eigene Selbstständigkeit zu verlieren und sich die Eigenverantwortlichkeit und Handlungsfreiheit zu bewahren. Sonst würde die Krise zu Abhängigkeiten führen, die gerade nicht im Sinn eines Resilienzprozesses sind.

Neben den Beratern, mit denen ein direkter Kontakt besteht, können auch Vorbilder einen Beitrag zur Bewältigung der Krise leisten, indem sie Hoffnung und Orientierung geben oder auch Wege der Bewältigung aufzeigen und Anregungen für eigene Entscheidungen und Entwicklungen liefern. Solche Vorbilder können real existierende Menschen sein, aber auch historische Persönlichkeiten. Wenn beispielsweise Familienangehörige bereits eine vergleichbare Krise erfolgreich bewältigt haben, können solche Erfahrungen hilfreich und ermutigend sein. Ebenso kann auf Erfahrungsberichte in Büchern zurückgegriffen werden oder auf historische Persönlichkeiten, die Schweres erfolgreich durchgestanden haben.

Arbeitsumfeld

Viele Krisen entstehen im Zusammenhang mit dem Arbeitsumfeld, sodass es zunächst fast paradox klingen mag, genau dieses Umfeld im Zusammenhang mit den Stehauf-Faktoren zu erwähnen. Die Forschung zeigt aber, dass Arbeitgeber und Vorgesetzte Krisen und Belastungen nicht immer vermeiden, jedoch beim positiven Bewältigen eine wesentliche Rolle spielen können.

Dies gilt zum einen, wenn Krisen sich im privaten oder persönlichen Bereich abspielen und sich dann beeinträchtigend auf die Arbeitsleistung auswirken.

Dann wird das Arbeitsumfeld zum Resilienzfaktor, wenn es gelassen und offen reagiert und dem Arbeitnehmer Spielraum für eine vorübergehende Reduzierung der Leistung oder für eine flexible und auf seine sonstigen Bedürfnisse abgestimmte Organisation seiner Arbeit lässt.

Natürlich können Arbeitnehmer nur bedingt Einfluss auf das Verhalten und die Reaktionen ihres Arbeitgebers nehmen. Meist lässt sich aber ein Handlungsspielraum eröffnen, wenn sie frühzeitig das Gespräch suchen und in einen offenen und lösungsorientierten Austausch eintreten. Hilfreich ist, bei diesem Austausch nicht auf vorgefertigte und schematische Lösungskonzepte zurückzugreifen, sondern zunächst die Belastungssituation zu erörtern und eine gemeinsame realistische Problemanalyse durchzuführen.

In der Krise spielt auch die finanzielle Sicherheit eine bedeutsame Rolle. Aus diesem Grund ist es hilfreich, frühzeitig – nämlich dann, wenn eine Belastung oder Krise sich noch nicht abgezeichnet hat – eine ausreichend gute finanzielle Absicherung zu installieren, die über das gesetzlich vorgeschriebene Mindestmaß hinausgeht. Viele Arbeitgeber haben hierfür Modelle eingeführt, die sich im Bedarfsfall bewähren.

In anderen Situationen, in denen auch das Unternehmen finanziell unter Druck gerät, mag gerade diese materielle Unsicherheit ein Krisenfaktor sein. Dann kann der Arbeitgeber krisenverstärkend reagieren, indem er die Unsicherheit möglichst lange aufrechterhält – oder er kann krisenentlastend wirken, indem er möglichst früh für Klarheit sorgt. Beispielsweise ist für viele Mitarbeiter eine bevorstehende Insolvenz dann bedrohlich, wenn unklar ist, wen sie betreffen wird und welche Folgen sie für die einzelnen Arbeitnehmer hat. Ihren Schrecken verliert sie leichter, wenn frühzeitig größtmögliche Klarheit über die Folgen der Insolvenz hergestellt wird, selbst wenn diese Folgen sehr unangenehm sein mögen. Klarheit ermöglicht dann die frühzeitige aktive Suche nach hilfreichen Alternativen.

30 *Resiliente Menschen sind im Bedarfsfall nicht auf sich selbst zurückgeworfen, sondern sie verstehen es, ihr soziales und berufliches Umfeld für ihr eigenes Gedeihen zu nutzen.*

3.4 Eine bewährte Strategie

„Wir standen also auf, beeilten uns, aus dem Zelt zu kommen. Die ersten Schritte sind unglaublich anstrengend, noch viel, viel anstrengender, als ohnehin schon alles andere ist. Nach spätestens fünf Minuten ist der Puls am Anschlag, und man denkt, das ist nicht mein

Tag, das kann doch nie etwas werden. Die Erfahrung der Jahre hat mich jedoch gelehrt, dass diese Krise nicht einmal eine Stunde anhält. Wie jeder Motor bei extremen Verhältnissen, muss auch der Körper langsam anlaufen und seinen Rhythmus finden." (Hans Kammerlander, Extrembergsteiger, über die Besteigung des 8611 Meter hohen K2)

Wir kennen das deutsche Sprichwort: Aus Fehlern wird man klug. So sehr dieses Sprichwort in einigen Bereichen zutreffen mag, so sehr gilt auch der Gegensatz: Wir lernen aus unseren guten Erfahrungen. Sprechen lernen wir durch Hören und durch erfolgreiches Anwenden der Sprache. Laufen lernen wir nicht durch Lauffehler, sondern durch Lauferfolge.
Ähnliches gilt für unsere Strategien bei der Bewältigung von Krisen oder schwierigen Situationen. Jeder kleine Erfolg wird uns Lernerfahrungen bescheren, auf die wir aufbauen können. Insofern betrachten Stehaufmenschen die Herausforderungen des Lebens nicht als hoch problematische Stolpersteine, sondern als eine Möglichkeit, Erfahrungen zu sammeln und Schritt für Schritt – oft unbewusst – eine zu ihnen passende Strategie der Krisenverarbeitung zu entwickeln. Im Bedarfsfall können sie dann auf diese Strategie zurückgreifen. So bestätigten auch 81 Prozent der im Jahr 2009 vom Forsa-Institut zum The-

ma Krisenbewältigung Befragten, dass ihnen die Erfahrung, im Leben schon viele Herausforderungen bewältigt zu haben, auch bei ihrer jüngsten Krisenbewältigung Kraft gegeben hat.
Hinzu kommt, dass Menschen mit jeder Krisenbewältigung – bei positivem Ausgang – neue und bessere Wege der Bedürfnisbefriedigung entdecken, dass sie ihre Beziehungen zur Umwelt und auch ihre inneren Kräfte neu ordnen und dadurch positive Bewältigungsstrategien verinnerlichen. Ziel dieser Strategien ist es, den schädigenden Einfluss von Umweltbedingungen zu verringern, die Gegebenheiten für Erholung zu verbessern und ein emotionales Wohlbefinden und tragende Sozialbeziehungen aufrechtzuerhalten.
Bevor wir Sie einladen, Ihre eigene Strategie zu entdecken und weiterzuentwickeln, wollen wir Ihnen noch drei Faktoren vorstellen, die für die meisten Menschen ein fester Bestandteil der Resilienzstrategie sind: Realismus, Zielstrebigkeit und eine aktive Rolle.

Realismus

„Ich bin eine Optimismusgegnerin. Der Gegenpol von Optimismus ist ja Pessimismus. Und Pessimismus hat einen schlechten Wert in unserer Gesellschaft. Ich halte aber Optimismus auch für sehr fatal, weil er eben auch eine Beobachtung der Lage oder eine Eigenbeob-

achtung verhindert. Was wirklich wichtig ist, ist genau die Mitte: Realismus. Das ist für mich eine anstrebenswerte Form, so mit sich selbst im Reinen zu sein, dass man nicht Optimismus leben muss, um sich selber annehmen zu können." (Ingenieurin, 39, nach einer überstandenen mehrjährigen Krebserkrankung)

Realismus heißt: die eigene Situation umfassend und unter möglichst objektiven Gesichtspunkten betrachten. Realistische Menschen unterscheiden sich von optimistischen nicht dadurch, dass sie keine Hoffnung haben oder grundsätzlich nicht darauf vertrauen, dass sie ihr Leben gut bewältigen können. Der Unterschied besteht vielmehr darin, dass sie sich eine nüchterne Bilanz zugestehen und in ihren Überlegungen auch Worst-Case-Szenarien zulassen. Erst dadurch gelingt es ihnen, wirklich alle Lösungsmöglichkeiten einer Situation in Erwägung zu ziehen. Wenn sich dann Rahmenbedingungen oder Entwicklungen wider Erwarten weiter verschlechtern, werden sie weniger von Perspektivlosigkeit übermannt als rein optimistisch orientierte Menschen.

Zielstrebigkeit

Stehaufmenschen interessieren sich mehr für Lösungen und Ziele als für Hindernisse. Sie bleiben nicht bei der Situationsanalyse stehen, sondern entwi-

ckeln positive realistische Zukunftsbilder, die sie dann konsequent verfolgen.
Bevor also eine Handlung erfolgt, ist es zunächst einmal wichtig, zu klären, zu welchem Ziel diese Handlung führen soll: Welches sind mögliche Lösungen für die gegenwärtige bedrohliche Situation? Welche dieser Lösungen ist zu favorisieren? Eine solche Fragestellung bedeutet natürlicherweise immer auch Orientierung auf die Zukunft hin, auf eine bessere, gelöste Zukunft. Dieses Interesse an der Zukunft ist allerdings nicht ausschließend gemeint: Die Beschäftigung mit der Vergangenheit behält da ihren Platz, wo sie zieldienlich und hilfreich für die Erarbeitung von Lösungen ist. Das ist beispielsweise dann der Fall, wenn nicht genutzte Kompetenzen und Ressourcen aus der Vergangenheit für eine Lösung reaktiviert werden sollen.
So sehr sie sich auf die Zukunft hin konzentrieren, so sehr leben resiliente Menschen aber auch in der Gegenwart. Nicht das, was künftig möglicherweise eintreten wird, bestimmt ihren Alltag, sondern das, was heute möglich ist. Auch wenn das Ziel in der Zukunft liegt, wissen sie, dass dieses Ziel nur über einen Weg zu erreichen ist, den sie heute schon beschreiten können. Dieser Weg, der oft aus vielen Teiletappen besteht, erhält volle Aufmerksamkeit. Denn nur wer seinen Weg kennt, findet auch zum Ziel.

Zielorientierung heißt auch: An die eigenen Fähigkeiten glauben. Wer eine Vorstellung von dem Weg entwickelt hat, den er beschreiten möchte, sollte auch überzeugt sein, dass er in der Lage ist, diesen Weg zu bewältigen, und sei er noch so herausfordernd. Zukunftspläne sollten realistisch-optimistisch sein, nicht im Bereich des Unmöglichen liegen, aber auch nicht hinter den Möglichkeiten zurückbleiben, die sich mit etwas Anstrengung und Glück bieten.

Zuletzt gehört zur Zielorientierung, seinen eigenen Weg und die Zielsetzung auch immer wieder zu überprüfen. Meist zeigt sich beim Gehen des Weges, dass die Zielvorstellung noch nachjustiert oder der Weg korrigiert werden muss, um tatsächlich eine bestmögliche Lösung zu erzielen.

Aktive Rolle

Fast schon zwangsläufig ergibt sich aus dem bisher Beschriebenen die Konsequenz, dass resiliente Menschen in der Krise auch eine aktive Rolle einnehmen. Gemeint ist damit eine aktive Rolle in doppelter Hinsicht.

Zum einen ist gerade im Resilienzprozess wichtig, nicht nur in gedanklicher und emotionaler Verarbeitung zu verweilen, sondern die eigenen Erkenntnisse, Wünsche und Pläne auch ganz konkret in Taten umzusetzen. Dies ist nicht nur wichtig, um der Flucht in eine Fantasie- und Wunschwelt vorzubeugen, sondern es trägt ganz konkret dazu bei, spürbare Veränderungen herbeizuführen.

Eine aktive Rolle einnehmen heißt:

- die notwendigen Prozesse so weit als möglich selbst steuern,
- Dinge, die wichtig sind, in die Hand nehmen,
- selbst die Initiative ergreifen.

Hilfreich sind dabei konkrete Handlungspläne, die beschreiben, was bis wann erledigt sein soll.

Beim Einnehmen der aktiven Rolle suchen die betroffenen Personen auch in schwierigen Situationen gezielt nach Faktoren, die sie beeinflussen können. Sie suchen dann nach Möglichkeiten, ihren Einflussbereich auszudehnen, um letzten Endes die Dinge etwas mehr in ihrem Sinn gestalten zu können. Dazu gehören Aspekte wie das Einhalten von gegebenen Versprechen und zugesagten Pflichten.

Zum anderen ist Aktivsein auch wichtig, um Gedankenkreise, Grübeln oder andere Negativspiralen zu durchbrechen. Menschen in tiefen Krisen erleben oft, dass auch bei bewusster Entscheidung eine Konzentration auf die Lösung und auf das Gute nur mit Mühe möglich ist. So können solche inneren Negativkreisläufe leichter durchbrochen werden, wenn ihnen eine bewusste Aktivität entgegengesetzt wird. Je nach Krisensituation kann dieses Aktivsein auch in sportlicher Betätigung oder in gesellschaftlich-kultureller Aktivität bestehen. Oft eröffnen sich dadurch wiederum neue Horizonte, das Denken wird frei für Neues.

Im Resilienzprozess greifen Menschen auf ihre bewährten Erfahrungen und ihr soziales Umfeld zurück, achten auf die Stabilität ihrer Persönlichkeit und agieren bewusst proaktiv, um vorhandene Spielräume auszunutzen und eine gute Lösung zu erzielen. 30

30 MINUTEN

Wie kommen Sie stark durch die Krise?

Seite 72

Welche Techniken helfen Ihnen dabei?

Seite 72

Wie können Sie Ihre Krisenfestigkeit erhöhen?

Seite 78

4. Resilienzförderung

Das folgende Kapitel enthält eine praktische Anleitung zur Erhöhung Ihrer Krisenfestigkeit. Zunächst beschreiben wir einige Übungen, die wir einsetzen, wenn wir Menschen in akuten Krisen als Coaches begleiten. Vielleicht sind Ihnen diese Übungen zunächst ein wenig fremd. Wir verwenden sie, weil bildhafte Vorstellungen andere Bereiche unseres Gehirns aktivieren als Gedanken und Sprache. So entsteht eine nachhaltige Wirkung.
Dann beschreiben wir einige Maßnahmen zur Förderung Ihrer Resilienz. Sie können der Anleitung allein folgen. Noch effektiver ist es, wenn Sie einzelne Punkte mit einer Person Ihres Vertrauens besprechen.

4.1 Übungen für Krisenzeiten

Wer sich gerade in einer Krise befindet, braucht keine Ratschläge à la „So verlassen Sie die Opferrolle", sondern konkrete Hilfe. Folgende Übungen zur Unterstützung des eigenen Bewältigungsprozesses haben sich in unserer Arbeit mit Menschen in Krisen bewährt. Sie zielen darauf,

- die Fixierung auf die Krise und ihre Symptome aufzulösen und somit die Krisendynamik zu durchbrechen,
- die Wahrnehmung stabilisierender Ressourcen zu fördern,
- die mit einer Krise verbundene Aufgabe zu identifizieren,
- eine Vorstellung davon zu entwickeln, wie eine Bewältigung aussehen könnte.

Hinweis: Die Übungen wirken nur, wenn sie tatsächlich durchgeführt und nicht nur gelesen werden.

Übung 2: Blick auf Ermutigendes lenken
Nehmen Sie sich noch einmal den Gegenstand zur Hand, der Ihre Krise symbolisiert (siehe Übung 1 in Kapitel 1). Stellen Sie diesen Gegenstand in etwa zwei Meter Entfernung auf. Nun überlegen Sie, wer oder was Sie ermutigt und bei der Bewältigung der Krise unterstützt. Dies können erfolg-

reich bewältigte kritische Situationen oder die in Kapitel 2.2 genannten Ressourcen sein. Für jede Ermutigung suchen Sie sich einen Gegenstand oder Sie beschriften ein Blatt mit dem entsprechenden Stichwort. Die Gegenstände oder Blätter legen Sie rechts und links neben sich – am besten so, dass ein zur Krise hin offener Halbkreis entsteht. Bleiben Sie eine Weile so sitzen und verinnerlichen Sie Ihre Ressourcen. Wiederholen Sie die Übung, sobald Sie das Gefühl haben, wieder in den Strudel der Krise hineingezogen zu werden.

Was bewirkt die Übung? Der Blick auf die für die Krisenbewältigung relevanten Ressourcen durchbricht die Fixierung auf die Krise und ihre Symptome. Er fördert die Zuversicht und reduziert die Gefühle von Ohnmacht und Lähmung.

Eine weitere Herausforderung besteht darin, dass Menschen in Krisen häufig wenig hilfreichen Gedanken und Vorstellungen nachhängen. Selbstmitleid, Selbstvorwürfe, düstere Prognosen oder Bitterkeit heizen die Krisendynamik an und erschweren die Bewältigung.

Dies zu wissen, reicht aber meist noch nicht aus, um die destruktiven Gedanken zu stoppen. Folgende Übung hilft Ihnen dabei:

Übung 3: Gedanken-Stopp
Der erste Teil der Übung besteht darin, den Gedanken oder die Vorstellung kraftvoll zu unterbrechen. Will sich ein destruktiver Gedanke bei Ihnen festsetzen, dann rufen Sie laut und energisch: „Stopp!" Sie erhöhen die Wirkung, wenn Sie gleichzeitig kräftig in die Hände klatschen, auf die Oberschenkel schlagen, die Hände zur Faust ballen oder die Fäuste aufeinanderschlagen. Es darf ruhig ein wenig wehtun, denn die Schmerzwahrnehmung unterstützt die unterbrechende Wirkung. Wichtig ist, dass Sie immer die gleiche Geste verwenden.
Der zweite Teil der Übung besteht darin, die destruktiven durch hilfreiche Gedanken zu ersetzen. Dazu überlegen Sie sich im Vorfeld drei kurze Sätze und prägen sich diese ein, z. B.: „Ich kann meine Gedanken steuern! Ich werde die Krise überwinden! Ich werde etwas Wichtiges lernen – und werde die Krise überwinden!"
Sobald Sie den destruktiven Gedanken unterbrochen haben, sprechen Sie sich selbst ruhig und entschlossen Ihre drei Sätze zu. Die Übung lebt davon, dass sie zu einem festen Ritual wird.

Was bewirkt die Übung? Das Besondere der Übung besteht darin, dass sie mehrere Elemente miteinander verbindet. So verstärkt die mit einem neuen Sinneseindruck verbundene Handlung das bereits im lautstarken „Stopp!" angelegte Moment der Überraschung. Die nun folgenden Selbstinstruktionen

verhindern, dass der unerwünschte Gedanke sofort weitergeführt wird.
In einer weiteren Übung schauen wir aus der Zukunft zurück auf die Zeit der Krise. Wir „erinnern" uns daran, was uns geholfen hat, sie zu überstehen, und ab wann und wodurch es aufwärtsging.

Übung 4: Futur Perfekt
Stellen Sie sich vor, Sie könnten sich selbst in zwei Jahren einen Besuch abstatten. Die Krise ist inzwischen erfolgreich bewältigt – und nun blicken Sie zurück und überlegen:

- Was hat mich in der Krise ermutigt? Was hat mir geholfen, handlungsfähig zu bleiben oder zu werden?
- Auf wen konnte ich mich verlassen?
- Was musste ich loslassen oder akzeptieren?
- Was habe ich während dieser Zeit gelernt?
- Wie sehe ich diese Zeit im Rückblick?

Was bewirkt die Übung? Unser Gehirn produziert nicht nur Gedanken, sondern auch Bilder. Oft existieren in unserem Gehirn bereits „Zielfotos", wenn wir kognitiv noch nach dem Weg suchen. So gibt es in der Regel bereits eine Vorstellung vom Leben nach der Krise. Diese Vorstellung enthält einen Hinweis auf den „Engpass", an dem eine Entwicklung ansetzen muss, also die mit der Krise verbundene Aufgabe.

Deshalb macht es Sinn, mit einem imaginativen Verfahren zu arbeiten.
Um die Arbeit mit Bildern und Vorstellungen geht es auch in der letzten Übung. Hier wird ein Verfahren zur Visualisierung der Krise angewendet, da solche Bilder oft auch Lösungsansätze enthalten.

Übung 5: Visualisierung der Krise
Welches Bild kommt Ihnen in den Sinn, wenn Sie an Ihre augenblickliche Situation denken?
Wenn Ihnen kein Bild einfällt, dann ergänzen Sie den Satz „Ich fühle mich wie ..." durch eine bildhafte Vorstellung.
Nehmen Sie sich ein Blatt zur Hand und skizzieren Sie dieses Bild. Wie kunstvoll Ihre Skizze wird, spielt dabei keine Rolle.
Nun betrachten Sie das Bild einmal losgelöst von Ihrer Situation. Welches Problem haben Sie dargestellt? Gibt es für dieses Problem eine Lösung?
Wenn Ihnen für das bildhaft dargestellte Problem eine Lösung einfällt, dann überprüfen Sie bitte, ob sich diese Lösung auf Ihre Situation übertragen lässt.
Gibt es für das bildhaft dargestellte Problem keine Lösung, dann könnte dies ein Hinweis darauf sein, dass das von Ihnen gewählte Bild Sie bei der Lösungssuche blockiert (siehe folgende Beispiele).

Was bewirkt die Übung? Zwei Beispiele: Ein Seminarteilnehmer, der seinen Arbeitsplatz verloren hat, wählt für seine Krise das Bild eines Apfelbaums, bei dem ein Drittel der Äste abgestorben sind. Auf die Frage, wie er als Hobbygärtner mit einem solchen Baum verfahren würde, sagt der Teilnehmer, dass er die toten Äste abschneiden, den Baum gut düngen und sich auf die gesunden Äste konzentrieren würde. Damit formuliert er die Herausforderung, vor der er steht. Es gilt, den Arbeitsplatz, mit dem er sehr verbunden war, loszulassen, gut für sich zu sorgen und sich auf das zu konzentrieren, was lebt. Für den Teilnehmer war diese einfache Übung eine Offenbarung.

Ein Coaching-Kunde beschreibt seine aktuelle Situation als „ausgepresste Zitrone". Durch den Druck am Arbeitsplatz sei ihm der Saft entwichen. Wir stimmen darin überein, dass es für eine ausgepresste Zitrone keine Zukunft gibt. Sie hat einmalig alles gegeben, was sie hat, nun wird sie weggeworfen. Genauso fühlt sich mein Kunde. Das Bild der Zitrone verfestigt also die Vorstellung, dass es für seine Situation keine Lösung gibt. Deshalb suchen wir nach einem ähnlichen Bild, das eine Lösungsmöglichkeit beinhaltet. Wir finden das Bild eines entladenen Akkus. Dieser wird nicht weggeworfen, sondern aufgeladen. Erstmalig überlegt unser Kunde, wie denn sein Akku aufgeladen werden könnte. Mit großem Engagement entwickelt er nun sein persönliches „Ladeprogramm".

30 *Menschen in Krisen benötigen nicht Tipps, sondern Übungen, die ihnen helfen, sich ihrer Ressourcen zu vergewissern.*

4.2 Resilienz fördern – eine Anleitung

Kann man Krisenfestigkeit trainieren, Bewältigungskompetenz entwickeln, Resilienz fördern? Ja, das ist möglich! Aber es ist ein anspruchsvoller Prozess, in den Sie als ganzer Mensch einbezogen sind.
Neben Ihren Grundhaltungen und einigen persönlichen Kompetenzen geht es vor allem um Ihre sozialen Kontakte und die Art, wie Sie diese gestalten und pflegen. Denn je existentieller eine Krise ist, desto bedeutsamer werden belastbare, unterstützende Beziehungen.
Da das Resilienzkonzept insgesamt nach Ressourcen und nicht nach Defiziten sucht, beginnt Resilienzförderung nicht mit der Identifikation von Schwachstellen, sondern mit einer wertschätzenden Erkundung des Vorhandenen.

Positive Erfahrungen

Häufig bleiben uns negative Erfahrungen – vor allem, wenn sie mit heftigen Gefühlen verbunden sind – intensiver in Erinnerung als positive. Wir erinnern uns an eine Krise, an das Gefühl von Ohnmacht, an die Angst, die uns im Nacken saß, aber nicht daran, wie wir die Krise bewältigt haben. Aber genau das gilt es noch einmal wertschätzend zu erkunden und bewusst abzuspeichern.

Übung 6: Auswertung positiver Erfahrungen
Halten Sie auf einem Blatt fest, welche Krisen Sie in Ihrem Leben bereits gemeistert haben. Welche positiven Erfahrungen gibt es, die als Ressource genutzt werden können?

- Wann haben Sie einen Misserfolg, einen Rückschlag oder ein anderes kritisches Lebensereignis schon einmal erfolgreich bewältigt?
- Wie haben Sie das geschafft? Was hat Ihnen dabei geholfen? Welche Fähigkeiten und Ressourcen konnten Sie nutzen? Was war Ihr eigener Beitrag zum Erfolg?
- Inwiefern kann Sie diese Erfahrung bei der Bewältigung künftiger Krisen ermutigen oder unterstützen?

Die Auswertung positiver Erfahrungen zeigt, auf welche Ressourcen Sie zurückgreifen können. Und sie verdeutlicht, dass Krisen zeitlich begrenzt sind und überwunden werden können.

Resilienzpotenziale erschließen

Vermutlich haben Sie den Selbstcheck, Ihr Resilienzprofil, bereits ausgefüllt. Dieses zeigt Ihnen, welche resilienzfördernden Ressourcen Sie bereits nutzen und wo noch ein Resilienzpotenzial schlummert. Haben Sie die entdeckten Ressourcen bereits ausreichend gewürdigt? Sind sie Ihnen bewusst?

Nun sollten Sie sich Ihren Potenzialen zuwenden. Wie bereits gesagt, erwächst Resilienz aus dem Zusammenwirken von Haltungen, Fähigkeiten und sozialen Ressourcen. Je besser die einzelnen Bereiche entwickelt und aufeinander abgestimmt sind, desto größer ist Ihre Bewältigungskompetenz.

Gehen Sie den Selbstcheck noch einmal durch:

- Wählen Sie fünf Aussagen aus, die für Sie eine Herausforderung darstellen.
- Formulieren Sie die fünf Herausforderungen.
- Überlegen Sie, welche dieser Herausforderungen Sie am meisten reizt – und bei welchen Sie sich die größten Erfolgschancen ausrechnen.
- Entscheiden Sie, welchen Herausforderungen Sie sich in der nächsten Zeit stellen wollen.
- Formulieren Sie ein konkretes Ziel und entwerfen Sie einen Trainingsplan: Was probieren Sie aus? Wer ist Ihr Trainer? Wie messen Sie Erfolge?

Vielleicht entspricht dies nicht Ihrem Vorgehen.

Dann entwickeln Sie Ihr eigenes. Wichtig ist, dass Sie Ihre Potenziale im Blick behalten und sich anregen lassen, diese zu erschließen.

Allgemeine Tipps zur Resilienzförderung

- Investieren Sie in belastbare Beziehungen.
  Je existenzieller eine Krise ist, desto wichtiger sind für den Betroffenen Menschen, die einfach da sind, zuhören, die mit der Krise verbundenen Gefühle aushalten und praktische Hilfe anbieten. Zu solchen Menschen sollten Sie heute schon gute Beziehungen aufbauen.
- Übernehmen Sie die Verantwortung für Ihr Leben.
  Gewiss, Sie können nicht alles beeinflussen. Aber Sie können Handlungsspielräume nutzen. Und Sie können gehen, wenn der Rahmen gar nicht mehr passt. Hauptsache, Sie verlassen die Opferrolle!
- Vertrauen Sie sich und Ihren Fähigkeiten.
  Stärken Sie Ihr Selbstvertrauen und Ihre Selbstsicherheit, indem Sie ermutigende Rückmeldungen festhalten und Menschen Ihres Vertrauens um Feedback bitten.
- Üben Sie sich im Loslassen und Akzeptieren.
  Trauern Sie um das, was Sie verlieren, aber lassen Sie es los! Akzeptieren Sie, was Sie nicht ändern können! Verbrauchen Sie Ihre Kräfte nicht in sinnlosen Kämpfen!

- Suchen Sie nicht Fehler, sondern Lösungen.
  Wichtiger als die Frage nach dem Schuldigen ist die Frage: Wie kann ich/wie können wir das Beste aus der Situation machen?
- Sorgen Sie gut für sich.
  Achten Sie auf eine gesunde Balance von Anspannung und Entspannung, auf ausreichend Schlaf, Bewegung und eine gesunde Ernährung!
- Bleiben Sie neugierig, flexibel und lernbereit.
  Betrachten Sie Fehlversuche als Lernerfahrungen und Kritik als kostenlose Beratung! Üben Sie sich in Flexibilität und der Anpassung an Veränderungen!
- Finden Sie eine Antwort auf die Frage, was Ihr Leben sinn- und wertvoll macht.

Wir wünschen Ihnen ein gutes Gelingen – ein Gedeihen auch unter widrigen Umständen.

Resilienz lässt sich fördern. 30

- ***In Krisenzeiten geht es darum, die Fixierung auf die Krise aufzulösen und die Wahrnehmung stabilisierender Faktoren zu fördern.***
- ***Resilienzförderung beginnt mit der Auswertung positiver Erfahrungen und der bewussten Wahrnehmung förderlicher Haltungen, Fähigkeiten und Ressourcen.***
- ***Außerdem geht es darum, Resilienzpotenziale zu entdecken und zu erschließen.***

Ihr Resilienzprofil

Der folgende Selbstcheck soll Ihnen helfen, wertschätzend zu erkunden, welche resilienzfördernden Ressourcen Sie bereits nutzen und wo noch ein Resilienz-Potenzial schlummert. Es geht also nicht um die Identifizierung von Defiziten, sondern um eine Würdigung vorhandener Ressourcen und deren Erweiterung.

Der Selbstcheck besteht aus je 10 Aussagen, die den Bereichen Grundhaltungen, persönliche Kompetenzen, soziale Ressourcen und Ressourcen des Arbeitssystems zugeordnet sind.

Entscheiden Sie zügig und intuitiv, in welchem Maße die Aussage auf Sie zutrifft und machen Sie in die jeweilige Spalte ein Kreuz.

Die Zahlenwerte haben folgende Bedeutung:

1 Die Aussage trifft nicht zu
2 Die Aussage trifft eher nicht zu
3 Die Aussage trifft teilweise zu
4 Die Aussage trifft weitgehend zu
5 Die Aussage trifft voll zu

Grundhaltungen	1	2	3	4	5
Ich erlebe mein Leben als sinnvoll und lebenswert.					
Ich weiß, welche Überzeugungen und Werte auch in Krisen ihre Gültigkeit behalten.					
Ich kann meine Fähigkeiten gut einschätzen und traue mir etwas zu. Ich fühle mich selbstsicher.					
Ich glaube, dass ich nicht Opfer der Umstände bin, sondern Einfluss auf mein Schicksal nehmen kann.					
Ich bin mir wichtig und kann gut für mich sorgen.					
Im Zweifelsfall ist mir meine Gesundheit wichtiger als beruflicher Erfolg oder die Erfüllung von Erwartungen.					
Wenn ich etwas nicht ändern kann, finde ich mich recht schnell damit ab.					
Ich suche nicht nach Fehlern oder Schuldigen, sondern nach Lösungen.					
Ich glaube, dass es letztlich für jedes Problem eine Lösung gibt.					
Ich bin grundsätzlich zuversichtlich und gehe davon aus, dass ich Schwierigkeiten überwinden kann.					

Summe Grundhaltungen: ___

Persönliche Kompetenzen	1	2	3	4	5
Ich reflektiere meine Einschätzungen und mein Handeln. Manchmal bewerte ich eine Situation neu.					
Ich werte Erfahrungen aus und ziehe aus Erfolgen und aus Fehlversuchen gleichermaßen wertvolle Lehren.					
In brenzligen Situationen bleibe ich ruhig und konzentriere mich darauf, angemessen zu handeln.					
Ich nutze Handlungsspielräume und treffe Entscheidungen, die mit meinen Zielen/Werten übereinstimmen.					
Ich nehme meine Gefühle bewusst wahr, lasse mich aber nicht von ihnen bestimmen.					
Ich löse gerne Probleme; dabei gehe ich kreativ und pragmatisch vor.					
Ich bin neugierig, probiere gerne etwas Neues aus, stelle Fragen und interessiere mich für Zusammenhänge.					
Ich bin zäh und gebe nicht so schnell auf.					
Ich beschäftige mich mehr mit der Zukunft als mit der Vergangenheit. Ich plane die Zukunft sorgfältig.					
Ich habe Humor und kann über mich selber lachen.					

Summe Persönliche Kompetenzen: ___

Soziale Ressourcen	1	2	3	4	5
Ich habe einen Menschen an meiner Seite, mit dem ich Alltägliches, Freude und Leid teile. Ich empfinde diese Beziehung als bereichernd und unterstützend.					
Meine Familie bedeutet mir viel und ist für mich ein großer Rückhalt.					
Ich nehme mir Zeit für die Pflege wichtiger Kontakte.					
Ich habe Freunde und Bekannte, mit denen ich auch über persönliche Dinge sprechen kann.					
Ich habe ein gutes Verhältnis zu den Menschen, mit denen ich zusammenarbeite.					
Meine Kollegen und ich unterstützen uns gegenseitig.					
Bei Bedarf lasse ich mich beraten und suche Unterstützung bei einem Coach, Therapeuten, Arzt …					
Ich kenne professionelle Helfer, denen ich vertraue.					
Ich habe Vorbilder, die mich inspirieren und an denen ich mich orientiere.					
Ich beschäftige mich mit Menschen, von denen ich lernen kann, lese Biografien oder Interviews.					

Summe Soziale Ressourcen: ___

Arbeitsbezogene Ressourcen	1	2	3	4	5
Meine Arbeit befriedigt mich. Ich erlebe sie als sinnvollen Teil eines größeren Ganzen.					
Ich habe das Gefühl, am rechten Platz eingesetzt zu sein, kann meine Kenntnisse und Fähigkeiten einsetzen und spüre Wertschätzung.					
Ich weiß genau, was mein Arbeitsumfeld von mir erwartet.					
Ich kann meine Arbeit selbstständig planen und einteilen. Ich kann entscheiden, wie ich Aufgaben erledige.					
Die Arbeit ist so organisiert, dass ich meine Aufgaben in der geforderten Zeit und Qualität erfüllen kann.					
Gemessen an dem, was ich leiste, empfinde ich meinen Lohn als angemessen.					
Mein Arbeitgeber ist um eine gute Absicherung der Mitarbeiter bemüht.					
Die Wiedereingliederung nach längeren Krankheiten wird flexibel auf den Betroffenen zugeschnitten.					
Ideen und Verbesserungsvorschläge sind erwünscht, es gibt eine gute Feedbackkultur.					
Meine Arbeit lässt mir genügend Freiraum für mein Privatleben.					

Summe Arbeitsbezogene Ressourcen: ____

Auswertung

Wichtig für Ihren Resilienzprozess ist nicht Ihre Gesamtpunktzahl – und schon gar nicht der Vergleich mit anderen. Es wäre auch nicht im Sinne des Resilienzkonzepts, Schwachpunkte zu identifizieren.
Wir schlagen daher folgende Auswertung vor: Notieren Sie sich alle Aussagen, die weitgehend oder voll auf Sie zutreffen. Finden Sie zu jeder Aussage die passende Haltung, Fähigkeit, soziale oder arbeitsbezogene Ressource. Freuen Sie sich an Ihren Ressourcen – mit ihrer Hilfe haben Sie schon manche Herausforderung und Krise bewältigt!
Notieren Sie sich auch die Aussagen, bei denen noch ein ausbaufähiges Potenzial besteht. Wählen Sie unter diesen Aussagen fünf aus, die für Sie eine Herausforderung darstellen, und verfahren Sie weiter wie in Kapitel 4.2 beschrieben.
Gibt es einen Bereich, in dem nur wenige Aussagen für Sie zutreffen? Dann sollten Sie diesem Bereich verstärkt Beachtung schenken und ihn z. B. mit der Hilfe eines Beraters näher beleuchten. Handelt es sich um den Bereich „arbeitsbezogene Ressourcen", dann könnte es auf längere Sicht sinnvoll sein, den Arbeitgeber zu wechseln.

Fast Reader

1. Krisendynamik und Krisenbewältigung

Eine Krise ist eine bedrohliche Störung des normalen Lebens- oder Betriebsablaufs, die mit den bisher erworbenen Problemlösefähigkeiten nicht bewältigt werden kann.
Krisen entwickeln eine Eigendynamik. Krisenbewältigung beginnt damit, dass die Fixierung auf die Krise aufgelöst und die Krisendynamik unterbrochen wird.

Eine Krise wird meist als Bedrohung empfunden. Sie ist aber zugleich auch eine Chance zur Weiterentwicklung. Wird die Aufgabe, vor die die Krise uns stellt, erkannt und erfüllt, dann können wir unter Umständen sogar gestärkt aus ihr hervorgehen.

2. Das Resilienzkonzept

Ausgangspunkt für die Entwicklung des Resilienzkonzepts ist die Beobachtung, dass nicht alle Menschen, die widrigen Bedingungen ausgesetzt sind, Schaden nehmen. Etwa jeder dritte Mensch verfügt über so viel Widerstandsfähigkeit, dass er belastende Ereignisse und ungünstige Rahmenbedingungen gut verkraftet.
Resiliente Menschen verfügen über gute Ressourcen in ihrem persönlichen und beruflichen Umfeld, über stabilisierende Persönlichkeitsmerkmale und über die Fähigkeit, proaktiv zu handeln.

Das Resilienzmodell kann als Prozess verstanden werden, der dazu führt, dass eine Krise 30
oder eine Belastung kompetent verarbeitet wird, sodass am Ende ein positives Ergebnis im Sinn einer neuen Orientierung oder eines Zugewinns an Fähigkeiten und Zufriedenheit erzielt wird.

3. Resilienzfaktoren

Stehaufmenschen verfügen über emotionale Stabilität, kognitive Kompetenzen und Kontaktfähigkeit.
Durch überlegtes, lösungsorientiertes und initiatives Handeln können Menschen wesentlichen Einfluss auf ihr Wohlergehen nehmen.
Resiliente Menschen sind im Bedarfsfall nicht auf sich selbst zurückgeworfen, sondern sie verstehen es, ihr soziales und berufliches Umfeld für ihr eigenes Gedeihen zu nutzen.

30 ***Im Resilienzprozess greifen Menschen auf ihre bewährten Erfahrungen und ihr soziales Umfeld zurück, achten auf die Stabilität ihrer Persönlichkeit und agieren bewusst proaktiv, um vorhandene Spielräume auszunutzen und eine gute Lösung zu erzielen.***

4. Resilienzförderung

Menschen in Krisen benötigen nicht Tipps, sondern Übungen, die ihnen helfen, sich ihrer Ressourcen zu vergewissern.

Resilienz lässt sich fördern:

- ***In Krisenzeiten geht es darum, die Fixierung auf die Krise aufzulösen und die Wahrnehmung stabilisierender Faktoren zu fördern.***
- ***Resilienzförderung beginnt mit der Auswertung positiver Erfahrungen und der bewussten Wahrnehmung förderlicher Haltungen, Fähigkeiten und Ressourcen.***
- ***Außerdem geht es darum, Resilienzpotenziale zu entdecken und zu erschließen.***

Die Autoren

Ulrich Siegrist und Martin Luitjens beraten als Coaches Einzelne und Organisationen zu Fragen des Umgangs mit berufsbedingten Belastungen, der Bewältigung von Krisen und der Resilienzförderung. Informationen dazu finden Sie unter www.martin-luitjens.de und www.resilienzinstitut.de.

Martin Luitjens
Martin Luitjens ist Fachberater Gesundheitsmanagement und Supervisor (DGSv). Der Autor berät Einzelne und Organisationen zu Fragen des Umgangs mit Stress, Burn-out-Erkrankungen und psychischen Krisen und entwickelt Gesundheitsmanagement-Konzepte.

Ulrich Siegrist
ist Arbeits- und Organisationspsychologe, Supervisor, Coach und Lehrbeauftragter einer Hochschule. Er ist Autor des Buches „Der Resilienzprozess. Ein Modell zur Bewältigung von Krankheitsfolgen im Arbeitsleben“ und weiterer wissentschaftlicher Publikationen zur Resilienz.

Weiterführende Literatur

- Filipp, Sigrun-Heide/Aymanns, Peter: *Kritische Lebensereignisse und Lebenskrisen. Vom Umgang mit den Schattenseiten des Lebens.* Stuttgart, 2010
- Siegrist, Ulrich: *Der Resilienzprozess. Ein Modell zur Bewältigung von Krankheitsfolgen im Arbeitsleben.* Wiesbaden, 2010
- Siegrist, Ulrich: *Coaching in Krisen. Resilienzkonzepte in der Praxis;* in: *Gesprächspsychotherapie und Personzentrierte Beratung, 4/2009*
- Welter-Enderlin, Rosmarie/Hildenbrand, Bruno (Hrsg.): *Resilienz – Gedeihen trotz widriger Umstände.* Heidelberg, 2006

Register